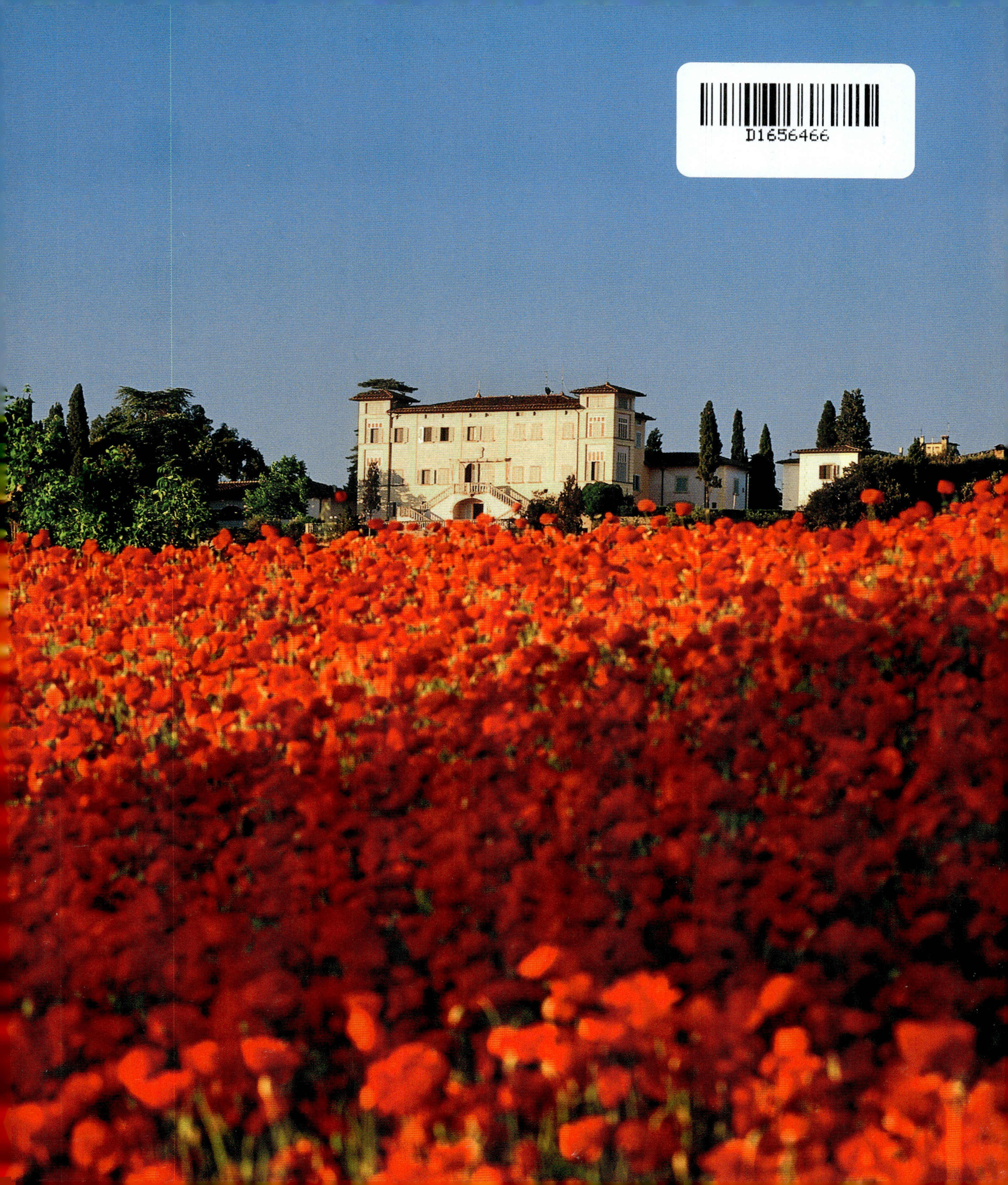
D1656466

10,-

Highlights

TOSKANA

DIE 50 ZIELE, DIE SIE GESEHEN HABEN SOLLTEN

Highlights TOSKANA

Herbert Taschler
Udo Bernhart

BRUCKMANN

Die Kathedrale San Martino aus dem 12. Jahrhundert in Lucca (oben); die imposante Probierstube im Weingut Castello di Monsanto in Barberino Val d'Elsa in Chianti (Mitte); Angelo und Mauro bei ihrer Kaffeepause vor der »Trattoria da Fiorella« in Pienza (unten).

Inhaltsverzeichnis

Der Osten 88

Der Süden 102

Die Küste 114

Auf dem berühmten Antiquitätenmarkt in Arezzo (oben); das Mosaik »Himmelfahrt Christi« an der romanischen Basilika di San Frediano an der gleichnamigen Piazza in Lucca (Mitte); bei der historischen Parade anlässlich des bekanntesten Stadtfestes der Toskana, dem Palio in Siena (unten).

FLORENZ
0
N
200 m
Palazzo Medici Riccardi
S. Lorenzo
S. Maria Novella
S. Maria del Fiore
Palazzo Rucelai
Palazzo Strozzi
Bargello
Palazzo Corsini
S. Trinità
Palazzo Vecchio
S. Croce
Galleria degli Uffizi
S. Spirito
Ponte Vecchio
Arno
Biblioteca Nazionale
Palazzo Pitti
Giardino di Boboli
Ex Forte di Belvedere
Museo Bardini
Highlights
Der Norden
Die Mitte
Der Osten
Der Süden
Die Küste
Berceto
Taro
Bologna
Sasso Marconi
EMILIA ROMAGNA
Sécchia
Serchio
La Garfagnana
A 1
Sarzana
Castelnuovo di Garfagnana
La Spezia
Carrara
Massa
Grotta del Vento
Barga
Castiglione
Marina di Carrara
Marina di Massa
Bagni di Lucca
Parco naturale regionale delle Alpi Apuane
Villa Reale, Villa Mansi, VillaTorrigiani
Monti del Mugello
Forte dei Marmi
Montecatini Terme
Pistoia
Viaréggio
A 11
Prato
Torre del Lago Puccini
Lucca
Villa Medicea
Póggio a Caiano
Riviera della Versilia
Lago Massaciúccoli
Collodi
Carmignano
Fiésole
La Ferdinanda
Stia
Vinci
Bagno di Romagna
Florenz
Mercato
A 12
Pisa
Marina di Pisa
Arno
Émpoli
Impruneta
Poppi
La Verna
Cáscina
San Miniato
Bibbiena
Casentino
Tiber
Pesa
Elsa
San Giovanni Valdarno
Badia a Passignano
Greve in Chianti
Livorno
Certaldo
Panzano in Chianti
Chianti
Sansepolcro
Anghiari
Badia a Coltibuono
Arno
ÍSOLA D. GORGONA
San Gimignano
Castellina in Chianti
Radda
Arezzo
Pomáia
Colle di Val d'Elsa
Gaiole
Volterra
Castiglioncello
Monteriggioni
Castelnuovo Berardenga
Val di Chiana
Castiglion Fiorentino
Siena
Chiana
LIGURISCHES MEER
Cécina
Colline Metallifere
Cortona
Larderello
Crete
Bibbona
Marina di Bibbona
Val di Merse
Torri
Asciano
Bolgheri
Lucigna
Abbazia San Galgano
Abb. di M. Oliveto Maggiore
Lago Trasimeno
Riviera degli Etruschi
Buonconvento
Cornia
Monticiano
Camprena
San Vincenzo
Suvereto
Orcia
Montepulciano
Chianciano Terme
ÍSOLA DI CAPRÀIA
Campíglia
Montalcino
Pienza
Val d'Orcia
Venturina
Massa Marittima
Abbazia Sant' Antimo
S. Quirico d'Orcia
Chiusi
Populónia
Seggiano
Bagno Vignoni
Piombino
M. Amiata 1738 m
Castiglione d'Orcia
UMBRIEN
Scarlino
Portoferráio
Porto Azzurro
Vetulonia
Ombrone
Bagno San Filippo
A 1
La Sassicaia
Castiglione della Pescáia
Grosseto
ÍSOLA D'ELBA
Marina di Campo
Marina di Grosseto
Terme di Satúrnia
Sovana
Sorano
Orvieto
Maremma
Magliano
Albegna
Pitigliano
Lago di Bolsena
ÍSOLA DI PIANOSA
Tiber
Capalbio
Montefiascone
TYRRHENISCHES MEER
Porto S. Stéfano
Orbetello
Ansedónia
Tuscánia
M. Argentário
Viterbo
Gíglio Porto
Porto Ercole
LATIUM
ÍSOLA DI MONTE CRISTO
ÍSOLA DEL GÍGLIO
N
0
20 km

Das Fresko der Kuppel von Giorgio Vasari in der Kathedrale Santa Maria del Fiore in Florenz ist der flächenmäßig größte Fresken-Zyklus zu einem christlichen Thema, dem Jüngsten Gericht.

Die Toskana – macht Lust auf mehr

Toskana als Lebensgefühl: mit allen Sinnen leben und genießen (oben); auf einen Cappuccino in der Bar »Il Caffè« in Pienza (unten); Abendstimmung auf der Piazza del Campo in Siena, im Hintergrund der Palazzo Pubblico (rechts).

Mit allen Sinnen erleben

Eine traumhafte Landschaft mit einer unendlichen Vielfalt an Farben, Formen und Düften; Zypressen, Weinberge, Olivenhaine und Sandstrände, die das Bild prägen; Geschichte, Kunst und Kultur, wie sie kaum irgendwo auf der Welt in solch geballter und einmaliger Art und Weise vorzufinden sind; gelebte Gastfreundschaft, Lebensfreude, bodenständige Küche und grandiose Weine – all das ist die Toskana: mit allen Sinnen zu erleben und zu genießen.

Auf engstem Raum vereinen sich hier 3000 Jahre Geschichte. Das etruskische Etruria, das römische Tuscia und die 1555 von den mächtigen Medici gewaltsam vereinten Völker der Toskana – das sind die wichtigsten Etappen.

Eine Wiege der Kultur

Reiche Spuren haben sie alle hinterlassen: zwischen 800 und 100 v. Chr. die Etrusker in Volterra, in Chiusi, Cortona und Pitigliano, Vetulonia und Populonia, dann die Römer in Fiesole, Arezzo oder Lucca, um nur einige Orte zu nennen. Vier wichtige römische Verbindungswege führen durch die Toskana: Via Aurelia, Via Cassia, Via Clodia und Via Aemilia Scauria. Im Mittelalter wird die Via Francigena zu einer der zentralen Nord-Süd-Achsen in Europa. Die dunklen Seiten des Mittelalters werden mit einer großartigen »Wiedergeburt« überwunden: Florenz wird mit der Geburtsstunde der Renaissance und mit dem aufblühenden Humanismus zu einer Wiege der Kultur der Neuzeit.

Auf Grand Tour

Künstler und Intellektuelle reisen bereits ab dem Spätmittelalter durch Italien und besichtigen antike Stätten und Kunstzentren. Einen wahren Aufschwung erlebt dieser »Grand Tour« genannte Kulturtourismus, die erste große Reisewelle der Neuzeit, gegen Ende des 17. Jahrhunderts im Zuge der Renaissance und des Humanismus.
Johann Wolfgang von Goethe reist 1786 per Pferdekutsche durch die Toskana. In seinen *Reiseberichten* notiert er: »Es fällt gleich auf, was in der Toskana die öffentlichen Werke, Wege, Brücken für ein schönes grandioses Ansehen haben. Es ist hier alles zugleich tüchtig und reinlich, Gebrauch und Nutzen mit Anmut sind beabsichtigt, überall lässt sich eine belebende Sorgfalt bemerken.«

Ein Meer an Farben und Stimmungen: Spaziergang in den Crete von Siena im Sommer (oben); einladende Frühlingsblumenwiese mit Margeriten und Mohnblumen in Murlo bei Siena (unten).

Einleitung

Auch Heinrich Heine verliebt sich auf seiner Reise in den Süden 1828 in die Toskana: »Das ganze Land ist dort so gartenhaft und geschmückt wie bei uns die ländlichen Szenen, die auf dem Theater dargestellt werden … Hier ist die Natur leidenschaftlich wie das Volk, das hier lebt.«

Die Landschaft

Die toskanische Landschaft ist ein einzigartiges Naturdenkmal: Generationen von Architekten, von Maurern, von Steinmetzen, von Bauern und Taglöhnern, von Holzfällern und Gärtnern haben dieses harmonische Gleichgewicht zwischen Städten und Dörfern und der sie umgebenden Landschaft mit Weinbergen und Olivenhainen, Kornfeldern und Weiden, Zypressenalleen und Eichenwäldern geschaffen …

Dabei wechselt die Landschaft jeden Augenblick: das romantisch-verträumte Chianti, die Weite der Maremma, die wild-urige Garfagnana und die Apuanischen Alpen, die Crete von Siena, dieses Meer an Farben und Stimmungen, die belebten Strände der Versilia … sind jeweils Welten für sich.

Die Toskana ist mit 22992 Quadratkilometern die fünftgrößte Region Italiens. Davon entfallen 1330 Quadratkilometer auf die Inseln des Toskanischen Archipels, 7000 Quadratkilometer sind mit Wald bedeckt. 3,8 Millionen Einwohner leben in der Region, davon knapp 400000 in Florenz.

Im Norden und Osten schließt der Apennin das Gebiet ein, im Westen geht die Landschaft mit 328 Kilometern abwechslungsreicher Küste ins Tyrrhenische Meer über. Nur 8,5 Prozent der Fläche liegen in der Ebene, vor allem entlang der Küste und in der Val d'Arno – hier lebt mehr als die Hälfte der Bevölkerung. 66,3 Prozent bestehen aus sanften und weichen Hügeln, die das Landschaftsbild der Toskana in besonderem Maß prägen.

Städte, Hügel und Berge

Es ist wahrlich einmalig, was allein die Städte der Toskana an Kunst und Kultur zu bieten haben. Beginnen wir unsere Stadtbesichtigungen auf den jeweils zentralen Plätzen, dort, wo sich seit Jahrhunderten das kirchliche und/oder politische Leben abspielt: auf dem Domplatz in Florenz, in Pisa, Lucca, Pistoia, Prato oder Massa Marittima, dem Großen Platz in Montepulciano, dem Campo in Siena, der Piazza Priori in Volterra, der Piazza Cisterna in San Gimignano, der Piazza Repubblica in Cortona oder der Piazza degli Aranci in Carrara … um dann in die versteckten Gassen und engen Viertel der mittelalterlichen Stadtkerne einzutauchen.

Das örtliche Handwerk hat einiges zu bieten: Goldschmiede in Arezzo, Kunstgießereien in Pistoia, Schmiedeeisen-Arbeiten in Siena, Marmorabbau in Massa und Carrara, Alabaster-Verarbeitung in Volterra, Holzschnitzereien im Casentino, Terracotten am Monte San Saviano und in Trequanda, Mode in Prato und Florenz, Gärtnereien in Pistoia …

Eine Kunstreise über Hügel, Wälder und Felder führt uns zu großartigen Residenzen inmitten der toskanischen Landschaft: zu den Villen rund um Lucca, den Villen Garzoni in Collodi oder Rospigliosi in Lamporécchio, den Medici-Villen am Monte Albano oder den Villen im Chianti Senese, zu versteckten Weilern und Dörfern, einsam gelegenen Klöstern und mächtigen Burgen. Die Apuanischen Alpen, der Apennin und der Monte Amiata laden in höhere Gefilde und beeindruckende Gebirgslandschaften ein.

Thermen, Strände und Inseln

Ein besonderer Reichtum der Toskana kommt aus dem Erdinneren: die unzähligen Thermalquellen, die wie ein Netz über die gesamte Toskana gespannt sind. Schon Etrusker und Römer nutzten die gesunden, entspannenden Kräfte der warmen Wässer.
Von den Apuanischen Alpen bis zur Maremma von Grosseto bieten kilometerlange Strände vielfältige Abwechslung und jede erdenkliche Form von Wassersportmöglichkeiten. Von den größeren und kleineren Inseln von Elba bis Giglio mit ihrer besonderen Faszination ganz zu schweigen.

Küche, Keller und Feste

Ein wichtiger Ausdruck toskanischer Lebenskunst sind die Produkte der Landschaft und die Spezialitäten aus der Küche, die zu unvergesslichen Gaumenfreuden werden. Die Küche der Toskana präsentiert sich bodenständig und traditionell, farbenfroh und geschmacksintensiv. Sie hat ihre Wurzeln in der einfachen Bauernküche, die mit wenigen Produkten auskommt und für alles eine Verwertung findet. Typisch sind die vielen Gerichte mit altbackenem Brot: der Broteintopf *ribollita*, die traditionelle Tomatensuppe *pappa al pomodoro* oder das mit Gemüse und Brot »gekochte Wasser«, *l'acquacotta*. Beim Fleisch steht das Schwein im Mittelpunkt: Würste in jeder Art und Form, *prosciutto, finocchiona, lardo di Colonnata*. Hinzu kommen Wildschweine und Kaninchen, die in die berühmten *pici al cinghiale* oder in die *papardelle alla lepre* Eingang finden. Die saftige *bistecca alla fiorentina* steht bei Fleischliebhabern ganz oben. Zu den typischen Fischgerichten an der Küste zählt die Fischsuppe *cacciucco*. Köstlich sind auch die vielen Süßigkeiten, die *dolci*, die je nach Jahreszeit und Ort verschieden ausfallen.
Der Ruf der Weine aus der Toskana, der wichtigsten und traditionsreichsten Weinbauregion Italiens, eilt ihr ohnehin schon weit voraus. Neben Chianti, Nobile di Montepulciano und Brunello di Montalcino sind es vor allem die Supertuscans, die seit Jahrzehnten von sich reden machen. Zunehmend sind es aber auch kleine Anbaugebiete, etwa in der Maremma um Montecucco und Scansano, die Gegend um Lucca oder die Gebiete des Chianti Rùfina östlich von Florenz, die durch besondere Typizität und Originalität aufhorchen lassen. Nicht zu vergessen die Weißweine aus der Toskana, allen voran der Vernaccia di San Gimignano.
Zu Keller und Küche gehören die vielen farbenfrohen und traditionsreichen Feste und Feiern – über 700 jedes Jahr im ganzen Land. Neben dem berühmten Palio in Siena, dem Gioco del Ponte in Pisa oder der Giostra del Saraceno in Arezzo weiß jeder Kirchturm seine eigenen Feste zu feiern und zu gestalten.

Freude am Leben

50 Highlights aus der Toskana – das vorliegende Reisebuch kann und will keine umfassende und erschöpfende Toskana-Information bieten. Impulse zu geben, anzuregen und einfach Lust zu machen auf mehr … das ist das Ziel.

Herbert Taschler

Farbenfrohe Feste und Feiern im ganzen Land: Weinfest in Impruneta in Chianti (oben); Kunstinstallation von Kendell Geers NOITU(LOVE)R im Weinkeller des Castello di Ama in Gaiole in Chianti (Mitte); Kunstvolle Weinetiketten im Weingut Fattoria Nittardi in Castellina in Chianti (unten).

Im sehenswerten Maskenladen von Alice und Agostino Dessi in Florenz (oben); die bekannteste Skulptur der Kunstgeschichte: der David von Michelangelo (1501–1504) in der Galleria dell'Accademia in Florenz (Mitte); in der Markthalle des Mercato Centrale von San Lorenzo in Florenz (unten); Blick auf den Dom und das Dächermeer von Florenz (rechts).

Der Norden

1 Florenz – im Zeichen der Kuppel

Meisterwerke sakraler Baukunst

Wer sich Florenz nähert, erblickt schon von Weitem die mächtige rote Kuppel des Doms, die über das Dächermeer der Stadt aufragt. Sie weist den Weg zu den zentralen Plätzen Piazza del Duomo und Piazza di San Giovanni, wo die Kathedrale Santa Maria del Fiore mit der einzigartigen Brunelleschi-Kuppel, das Baptisterium di San Giovanni und der Glockenturm von Giotto wohl die ersten Ziele eines jeden neuen Besuchers darstellen.

Eines der bekanntesten Tore der Welt: die »Paradiespforte« von Lorenzo Ghiberti am Ostportal des Baptisteriums von San Giovanni in Florenz (oben); Detail aus der »Paradiespforte«: Szenen aus dem Leben von Josua (rechts unten); Christus als Weltenrichter: Ausschnitt aus dem Kuppelmosaik im Baptisterium in Florenz (rechts oben).

Das religiöse Zentrum von Florenz ist im nordöstlichen Teil des alten römischen Florentia angesiedelt. Ihre heutige Form erhalten die beiden Plätze – del Duomo und di San Giovanni – weitgehend im 13. Jahrhundert. In dieser Zeit beginnen die Arbeiten rund um den Dom und den Campanile.

Die Kathedrale Santa Maria del Fiore

Die romanische Basilika Santa Reparata aus dem 5. Jahrhundert ist alt und kann die Menschenmengen des aufstrebenden mittelalterlichen Florenz kaum noch fassen. So beschließt die Stadtverwaltung, an der Stelle der alten Kirche eine neue Kathedrale zu erbauen: eine Kirche, die alles bisher Dagewesene in den Schatten stellen soll, ein Symbol für die wirtschaftliche und politische Macht des erstarkenden Florenz, ein Bauwerk, das vor allem die beiden Kathedralen der konkurrierenden Städte Pisa und Siena übertrumpfen soll.

Am Festtag Mariä Geburt des Jahres 1296 legt der päpstliche Delegat Kardinal Valeriano den Grundstein für das neue Gotteshaus. Die Bauarbeiten nach den Plänen von Arnolfo di Cambio beginnen mit der Westfassade. Sie nehmen bis zu ihrer Fertigstellung und Einweihung 1436 ganze 170 Jahre in Anspruch. Nach dem Tod von di Cambio, der gleichzeitig auch mit den Arbeiten an der Chiesa di Santa Croce und am Palazzo della Signoria beschäftigt ist, übernimmt Giotto die Baustelle. Der aber wendet die ganze Aufmerksamkeit seinem Campanile zu. Andrea Pisano und Francesco Talenti sorgen deshalb für die Vollendung des mächtigen Bauwerks. Mit 153 Metern Länge, 90 Metern Breite im Kreuzschiff und 90 Metern Höhe besitzt der Dom zu jener Zeit das größte Kirchenschiff in Europa. Doch schon 1588 wird die von Arnolfo di Cambio gestaltete Westfassade wieder abgetragen, weil sie nicht mehr den Vorstellungen der Zeit entspricht. Dann geht aber das Geld aus. Die heutige Fassade in neogotischem Stil wird erst zwischen 1871 und 1887 von Emilio de Fabris verwirklicht.

Touristenansturm auf das Baptisterium von San Giovanni (oben); Neptunbrunnen auf der Piazza della Signoria (Mitte); die Sonne genießen: vor dem Portal der Kathedrale Santa Maria del Fiore (unten); der Dom und Campanile (rechts unten); Michelangelos Pietà, eine der spätesten Arbeiten des Künstlers, im Dommuseum von Florenz (rechts oben).

Brunelleschi und sein Meisterwerk

Zum buchstäblich überragenden Element der neuen Kathedrale wird die von Filippo Brunelleschi entworfene Kuppel. In nur 16 Jahren, von 1418 bis 1434, wird sie über der Apsis des Gotteshauses errichtet. Mit 45,5 Metern Durchmesser und 107 Metern Höhe ist sie ein »Wunderwerk der Weltarchitektur« und eine technische Meisterleistung der frühen Renaissance. Die Laterne, der runde, turmartige Aufsatz auf der Kuppel, wird erst nach dem Tod Brunelleschis im Jahr 1446 fertiggestellt.

Das Innere der Kuppel ergibt eine riesige, 3600 Quadratmeter große Fläche, die Giorgio Vasari und Federico Zuccari vollständig mit Fresken ausmalen. Die Thematik ist dieselbe wie im Baptisterium: das Jüngste Gericht mit Himmel und Hölle und Christus als Weltenrichter im Mittelpunkt.

Im eleganten, offenen Inneren des Doms treffen weltliche und religiöse Symbolik ganz unmittelbar aufeinander. Die Stadt als Bauherrin setzt entlang der Seitenschiffe Denkmäler für ihre berühmten und verdienten Persönlichkeiten: Büsten von Brunelleschi, Giotto, Arnolfo di Cambio und Emilio de Fabris sowie Fresken von Dante und den *condottieri*, den Söldnerführern, John Hawkwood und Niccolò da Tolentino. Daneben bleibt jedoch auch für das religiöse Programm genügend Platz. Die Spiritualität des Menschen und seine Bestimmung hin zu Gott kommen vor allem in den herrlich farbigen Marmor-Mosaik-Böden und in den 44 bunten Glasfenstern, dem monumentalsten Werk der Glaskunst des italienischen Mittelalters, kraftvoll zum Ausdruck.

Giotto und sein Campanile

Mit dem Bau des Glockenturms, den er selbst entworfen hat, beginnt Giotto 1334. Der Campanile soll ein markantes Wahrzeichen der Stadt werden: 110 bis 115 Meter hoch, mit einem pyramidenförmigen Spitzdach als Abschluss. Auch wenn er schlussendlich nur 84,70 Meter Höhe erreicht, so gehört der quadratische Turm dennoch zu den herausragenden Meisterwerken der gotischen Architektur des 14. Jahrhunderts. Nach Giottos Tod 1337 baut Andrea Pisano nach den Plänen seines Vorgängers die ersten beiden Stockwerke mit ihren reichen, meisterhaft gestalteten Dekorationen und Skulpturen. Die 16 lebensgroßen Statuen stammen von Donatello, Pisano selbst und Luca della Robbia. Francesco Talenti beendet den Bau 1359 mit einigen Änderungen, unter die auch die großen Fenster in den höheren Stockwerken fallen. Über 400 Stufen erreicht der Besucher die Aussichtsplattform an der Spitze des Campanile.

Das Baptisterium

Das Baptisterium ist die Taufkirche des Florentiner Doms und das älteste Kunstwerk an der Piazza di San Giovanni. Um seine Entstehung ranken sich Legenden. Manche halten es für einen vorchristlichen Tempel, der in ein christliches Bauwerk umgewandelt wurde. Ein erstes Baptisterium steht bereits im 5. Jahrhundert neben der alten Basilika Santa Reparata; in seinen Grundformen ist es ebenso achteckig wie die heutige Taufkirche. Sicher ist auf jeden Fall, dass das heutige Baptisterium im 11. Jahrhundert geweiht und mit wertvollem Marmor verkleidet sowie in den darauffolgenden

Jahrhunderten durch die Kuppel und die rechteckige Apsis im Nordosten erweitert wird. Die Kunstwerke, denen das Baptisterium seine Berühmtheit verdankt, kommen im 14. und 15. Jahrhundert hinzu: die drei einzigartigen Bronzeportale mit ihren großartig erzählten biblischen Geschichten. 1338 macht Andrea Pisano mit 28 Szenen aus dem Leben von Johannes dem Täufer auf dem Südportal den Anfang. Zwischen 1402 und 1424 schafft Lorenzo Ghiberti am Nordportal seine ebenfalls 28 Bilder aus dem Neuen Testament und dem Leben Jesu. Das Ostportal schließlich soll die beiden anderen noch übertreffen: Ghiberti setzt sich mit seinem Entwurf gegen Mitbewerber wie Brunelleschi, Francesco di Valdambrino oder Jacopo della Quercia durch. Zwischen 1425 und 1450 gestaltet er das Tor mit zehn großformatigen, vergoldeten Bronzetafeln, die Motive aus dem Alten Testament zeigen. Michelangelo tauft das Portal schon bald nach dessen Vollendung »Paradiespforte«.

Das Innere des Baptisteriums erinnert in seiner Grundstruktur an das Pantheon in Rom. Hier beeindrucken der herrlich gearbeitete geometrisch gestaltete und orientalisch beeinflusste Mosaikboden, das monumentale Grabmal des Gegenpapstes Johannes XXIII. von Donatello und Michelozzo und zwei alte römische Sarkophage. Die Kuppel hat einen Durchmesser von 26 Metern und wird ab 1225 in acht Ringen unter anderem von Giotto und Cimabue mit einem der weltweit größten Mosaikzyklen ausgestaltet. Dieser zeigt im Stil der byzantinischen Schule das Jüngste Gericht sowie in einer gewaltigen zentralen Figur Christus als Weltenrichter. Donatello gestaltet für das Baptisterium eine beeindruckende Holzstatue der büßenden Magdalena. Diese ist seit der Überschwemmung des Arno im Jahre 1966 im Dommuseum zu besichtigen.

MUSEO DELL'OPERA DEL DUOMO

Viele Kunstwerke in der Kathedrale Santa Maria del Fiore, im Baptisterium und im Campanile sind im Lauf der Zeit durch Kopien ersetzt worden. Die Originale befinden sich heute im nahe gelegenen Dommuseum, das unbedingt einen Besuch lohnt. Dort wird die Geschichte des Doms, des Campanile und des Baptisteriums anhand von Originaldokumenten und Plänen anschaulich nachgezeichnet. Zu bewundern sind im Erdgeschoss unter anderem auch Teile der ersten Fassade des Doms von Arnolfo di Cambio, Brunelleschis Entwürfe für die Bronzeportale des Baptisteriums und als Höhepunkt Michelangelos zweite – von insgesamt drei – Pietà. Donatello und seinen meisterhaften Skulpturen ist ein Saal im ersten Stockwerk gewidmet. Das Dommuseum ist werktags täglich von 9 bis 19.30 Uhr, an Sonntagen von 9 bis 13.45 Uhr geöffnet. Die Tickets kosten sechs Euro. Ein Sammelticket für den Besuch der Kuppel, von Santa Reparata, Campanile, Baptisterium und Museum kostet 23 Euro.

WEITERE INFORMATIONEN

www.operaduomo.firenze.it

Die Basilika San Miniato al Monte der Olivetaner-Abtei in Florenz steht auf einem der höchsten Punkte der Stadt (oben); die Marmorkopie des berühmten *David* von Michelangelo wurde 1910 an ihrem ursprünglichen Platz vor dem Palazzo Vecchio auf der Piazza della Signoria aufgestellt (rechts).

2 Florenz – Geburtsstadt der Renaissance

Ikonen der »Wiedergeburt«

Nach dem finsteren Mittelalter und der verheerenden Pestepidemie im 14. Jahrhundert steht der Rinascimento an – die Wiedergeburt. Eine neue Sicht der Welt, die Blüte von Kunst und Kultur, Literatur, Philosophie und Wissenschaft prägen das 15. und 16. Jahrhundert. Geburtsort der Renaissance ist Florenz. Die Medici sind ihre Wegbereiter.

Die Geburtsstunde der Frührenaissance schlägt in Florenz: Dante Alighieri, Francesco Petrarca, Giovanni Boccaccio und Niccolò Machiavelli sind die herausragenden Persönlichkeiten unter den Renaissance-Schriftstellern und -Denkern. Michelangelo Buonarroti, Donatello, Donato Bramante, Sandro Botticelli, Leonardo da Vinci, Tizian und Jacopo Tintoretto zählen zu den wichtigsten italienischen Künstlern. Giorgio Vasari, Filippo Brunelleschi, Andrea Palladio und Niccolò Pisano führen die neue wegweisende Architektengeneration an. Sie alle haben eines gemeinsam: Sie leben und arbeiten – zumindest zeitweise – in Florenz.

Piazza della Signoria und Palazzo Vecchio

Das weltliche Zentrum von Florenz ist seit dem 14. Jahrhundert die Piazza della Signoria. Der Platz ist im wahrsten Sinne des Wortes eine Freilichtgalerie und präsentiert ein herausragendes Kunstwerk der Renaissance: Der einzigartige *David* von Michelangelo spiegelt mit Würde und Kraft, Mut und Eleganz auf formvollendete Weise die Größe der florentinischen Republik jener Zeit wider – auch wenn heute am Originalstandort des Meisterwerks nur mehr die Kopie der 1501 geschaffenen monumentalen Marmorstatue zu bewundern ist. Das Original steht seit 1882 in der Galleria dell'Accademia.
Der Neptunbrunnen von Ammannati (1575) spielt auf Florenz' Ambitionen als Seemacht an. Giambolognas Reiterstatue des Großherzogs Cosimo I. von 1595 erinnert an den Mann, der die Toskana geeint hat. In der Loggia della Signoria, auch bekannt als Loggia dei Lanzi, stechen zwischen den römischen Statuen der berühmte, aus einem einzigen Marmorblock gehauene Raub der Sabinerinnen von Giambologna (1583) sowie die Bronzestatue *Perseo mit dem Haupt der Medusa* von Cellini (1554) hervor.
Der Palazzo Vecchio oder Palazzo della Signoria, 1322 von Arnolfo di Cambio vollendet, ist noch heute Sitz der Stadtverwaltung. Auf dem 94 Meter hohen Campanile kündet seit Jahrhunderten eine enorme Glocke den Bürgern von wichtigen Ereignissen. Im Inneren wird

REX REGVM ET
DOMINVS
DOMINANT

Die gotische Basilika Santa Maria Novella neben dem Hauptbahnhof von Florenz (oben); die Officina Profumo-Farmaceutica di Santa Maria Novella ist eine der ältesten Apotheken der Welt (Mitte); Ruhepause im Kreuzgang des Museums von San Marco (unten); der »Saal der Fünfhundert« im Palazzo Vecchio (rechts unten); Juweliergeschäft am Ponte Vecchio (rechts oben).

der Palazzo von Giorgio Vasari umgebaut, als Cosimo I. 1540 seinen Sitz hierher verlegt. Die zahlreichen Fresken verherrlichen den Großherzog und die durch ihn geeinte Toskana. Besonders sehenswert sind der Salone dei Cinquecento, der »Saal der Fünfhundert«, und die Sala dei Gigli, der »Saal der Lilien« – die Lilien sind das Wappenzeichen von Florenz –, mit den berühmten Fresken von Ghirlandaio (1485). Von 1865 bis 1871 ist der Palazzo Sitz des italienischen Parlaments.

Il Bargello und Santa Croce

Das alte Rathaus, Il Bargello, wird zwischen 1254 und 1261 erbaut und dient ab 1540 als Sitz des Polizeikommandanten, Gefängnis und öffentliche Hinrichtungsstätte. Seit 1865 beherbergt es eines der ersten italienischen Nationalmuseen. Dort steht in der Sala di Michelangelo der *Bacchus* aus dem Jahr 1497, eines der ersten wichtigen Werke des Künstlers. In der Sala di Donatello ist Donatellos berühmte Bronzeskulptur *David* von 1450 zu bewundern. Von besonderem Wert ist die vergoldete Bronzetafel von Brunelleschi (1401) mit der Darstellung von Abraham und Isaak. Zwei Straßen weiter befindet sich in der Via Santa Margherita 1 die Casa di Dante. Das Haus von Michelangelo Buonarotti steht in der Via Ghibellina 70.
In der gotischen Basilika Santa Croce (1294) haben Michelangelo und Galilei, Machiavelli und Leonardo Bruni ihre letzte Ruhestätte gefunden. Giotto und Taddeo Gaddi gestalten die großartigen Fresken im Innern der Kirche. Der Kreuzgang von Brunelleschi und Arnolfo di Cambio ist ein herrliches Beispiel für architektonische Harmonie der Frührenaissance.

San Lorenzo und San Marco

Der zwischen 1444 und 1462 errichtete Palazzo Medici Riccardi im Stadtteil San Lorenzo ist über 100 Jahre lang Sitz der Bankiersfamilie Medici. In der Biblioteca Riccardiana sind wertvolle Handschriften, darunter Dantes *Divina Commedia*, aufbewahrt.
Die von Brunelleschi entworfene Kirche San Lorenzo ist die Hauskirche der Familie. Hier beeindrucken die von Nigetti geplante Cappella dei Principi mit ihren prächtigen Marmorarbeiten und vor allem die Scalinata di Michelangelo von 1559. Diese Treppe zur Biblioteca Mediceo-Laurenziana zählt zu den innovativsten Schöpfungen des Künstlers. Seine Arbeit an den Grabstätten der Medici beginnt Michelangelo bereits 1520. Er entwickelt hierfür ein monumentales Figurenprogramm, das, unter anderem mit den Statuen *Aurora* (Morgenröte) und *Crepuscolo* (Abenddämmerung), die Zeiten des Tages und der Nacht symbolisiert. So wie das Mausoleum zu den wichtigsten Bauten der italienischen Hochrenaissance gehört, zählen die Skulpturen zu Michelangelos größten Werken.
Das Stadtviertel San Marco – ursprünglich stehen hier Kasernen und Stallungen sowie die Menagerien der Medici – ist heute das Studentenviertel von Florenz. Im Kloster San Marco aus dem 13. Jahrhundert, das ein herrlicher Freskenzyklus von Beato Angelico (1438–1445) schmückt, regiert einst der fanatische Bußprediger Girolamo Savonarola als Prior. Er lenkt de facto die Geschicke von Florenz von 1494 bis zu seiner Hinrichtung 1498.
Die Galleria dell'Accademia ist schon allein wegen Michelangelos *David* einen

Besuch wert. Die 1563 gegründete Kunstakademie ist die erste in ihrer Art in Europa. Großherzog Leopold eröffnet 1784 die Galerie aus didaktischen Gründen: Die Studenten sollen die Möglichkeit erhalten, große Meisterwerke zu studieren und zu kopieren.

Das Spedale degli Innocenti, das »Krankenhaus der unschuldigen Kinder«, wird als erstes Waisenhaus Europas 1445 eingeweiht und von Brunelleschi mit einem grandiosen Eingangstor versehen. Auf der eleganten, ebenfalls von Brunelleschi entworfenen Piazza della Santissima Annunziata vor dem Spedale stehen zwei im Stile des Manierismus gestaltete Bronzebrunnen von Pietro Tacco.

Piazza della Repubblica und Santa Maria Novella

Die Piazza Repubblica steht auf den Überresten des römischen Forums und einstigen Zentrums des 59 v. Chr. von Julius Caesar gegründeten Florentina. Ein 1895 in römischem Stil errichteter Triumphbogen dominiert den Platz. Der nahe gelegene Palazzo Strozzi ist der größte Palast der Stadt. Als 1490 mit seinem Bau begonnen wird, müssen diesem Großprojekt 15 bereits bestehende Gebäude weichen. In der Basilica di Santa Trinita aus dem 11. Jahrhundert sind Ghirlandaios Fresken (1483) mit Szenen aus dem Leben des heiligen Franziskus sehenswert.

Die zwischen 1279 und 1357 von den Dominikanern errichtete gotische Kirche Santa Maria Novella in der Nähe des Hauptbahnhofs beherbergt einige der wichtigsten Kunstschätze der Stadt. Die Dreifaltigkeit von Massaccio ist ein Meisterwerk der Perspektive und der Porträtkunst. Die Kapellen Filippo Strozzi mit Fresken von Filippino Lippi und Tornabuoni mit Fresken von Ghirlandaio sowie der »Spanische Kapelle« genannte Kapitelsaal zählen zu den schönsten Räumen der Klosteranlage.

FLORENZ – PANORAMATOUR

Eine angenehme und lohnende Art, die Innenstadt von Florenz zu entdecken, ist eine Stadtrundfahrt mit dem Doppeldeckerbus. Die Rundfahrt beginnt am Hauptbahnhof Santa Maria Novella und zählt 18 Haltestellen an den touristischen Hauptattraktionen von Florenz: am Dom, bei Santa Croce, San Marco, am Piazzale Michelangelo und an vielen anderen Stellen. Sie können den ganzen Tag über so oft ein- und aussteigen wie Sie möchten. Die Busse verkehren halbstündlich. Zwei Routen sind im Preis inbegriffen: die Florenz Innenstadt Tour und die Florenz Fiesole Tour.

Die Fahrscheine sind ab der ersten Verwendung 24 Stunden (ab 20 Euro) oder 48 Stunden lang (ab 22 Euro) gültig. Ermäßigte Tickets gibt es für Kinder zwischen fünf und 15 Jahren, Freikarten für Kinder unter fünf Jahren (gültiger Ausweis wird benötigt).

Es gibt wohl keinen besseren und günstigeren Weg, um Florenz von allen Seiten zu erkunden. Informationen unter www.viatorcom.de/florenz – www.florence-tickets.com/de/stadtrundfahrt-florenz.html

WEITERE INFORMATIONEN

www.firenzeturismo.it

MUSEO
STORIA
SCIENZA

Beeindruckende Aussicht auf das Zentrum von Florenz vom Piazzale Michelangelo aus: im Vordergrund links der Arno mit dem Ponte Vecchio.

Die Uffizien und der Corridoio Vasariano vom Arno aus gesehen (oben); in der Galerie der Uffizien, einer der interessantesten Kunstsammlungen der Welt (unten); innerhalb der Sammlungsräume der Uffizien bildet die Tribuna den Hauptraum (rechts oben); die von Giorgio Vasari erbauten Uffizien, die ehemaligen Bürogebäude der Medici (rechts unten).

3 Florenz – die Pracht der Uffizien

Die älteste Kunstgalerie der Welt

Die Uffizien beherbergen die weltweit größte Gemäldesammlung der italienischen Renaissance und einige der berühmtesten und bedeutendsten Kunstwerke aller Zeiten. Von Botticelli bis Michelangelo, von Tizian bis Leonardo da Vinci, von Giotto, Raffael und Cimabue bis zu Rembrandt und Rubens, Cranach und Dürer – hier fehlt keiner der großen Meister.

Cosimo I. de' Medici, Herzog der Toskana und Gründer des Großherzogtums Toskana, will alle wichtigen Ämter seiner neuen Verwaltung an einem einzigen Ort vereinen und beauftragt deshalb 1599 den berühmten Giorgio Vasari mit der Planung der neuen *uffici*. Vasari findet den idealen Standort dieser neuen »Büros« direkt am Arno, ganz in der Nähe des Palazzo Vecchio. Für den Bau der Uffizien werden einige Häuser abgerissen, darunter die Münzprägewerkstatt Zecca, in der der weitverbreitete Goldflorin geprägt wird. Drei mächtige vorgesetzte Fassaden säumen einen lang gestreckten Platz, der die Piazza della Signoria und das Arnoufer verbindet. Ketten, Eisenanker und erstmals der Einsatz von Zement sorgen für eine sichere Statik der mit großzügigen Fensterreihen ausgestatteten Säle. Ein 1500 Meter langer Gang, der *Corridoio Vasariano*, verbindet die Uffizien mit dem nahen Palazzo Vecchio, dem Regierungssitz des Herzogs, und über den Ponte Vecchio mit dem Palazzo Pitti, dem Sitz der Medici.

Die Schatztruhe der Medici

Francesco de' Medici, Cosimos Nachfolger und passionierter Kunstmäzen, verwandelt den Laubengang im Obergeschoss der Uffizien in eine Galerie für die zahlreichen Kunstwerke aus dem Familienbesitz. Die Bandbreite reicht von den wertvollen römischen Skulpturen aus den Gärten der Medici bis hin zu den bedeutendsten Gemälden der Zeit. Den Medici dienen die Uffizien fortan als Ort zum Lustwandeln inmitten ihrer Schätze. Werkstätten für Gold- und Silberschmiede, Musiker und Sänger, Kosmografen, Buchbinder und Parfümhersteller entstehen im Westtrakt, dem rechten Flügel der Uffizien.
In den folgenden drei Jahrhunderten ihrer Herrschaft erweitern und vervollständigen die Medici die beeindruckende Sammlung ständig. 1737 überlässt nach dem Tod des letzten Großherzogs der Medici, Gian Gastone, dessen Gemahlin Anna Maria Luisa die weltweit einzigartige Kunstsammlung der Stadt Florenz. 1865 wird aus den Uffizien offiziell ein Museum, das sich heute auf 50 Säle ver-

teilt und Gemälde aus allen Epochen vom 13. bis zum 18. Jahrhundert besitzt. Im Erdgeschoss ist eine bedeutende Sammlung von römischen und hellenistischen Statuen untergebracht, darunter die berühmte *Mediceische Venus*, die römische Kopie einer griechischen Aphrodite-Statue. Hinzu kommen die Reste einer romanischen Kirche, die dem Bau der Uffizien Platz machen musste.

Große Meister – große Werke

Die eigentliche Gemäldegalerie mit der lückenlosen Renaissance-Sammlung befindet sich in der dritten Etage. Sie führt den Besucher auf eine faszinierende Reise durch die Kunstgeschichte: In einem Rundgang können die Werke in weitgehend chronologischer Reihenfolge betrachtet werden. Neben der größten Sammlung von Meisterwerken der italienischen Renaissance sind die Gemälde der bedeutendsten italienischen, deutschen, flämischen, holländischen, spanischen und französischen Maler ausgestellt.
Zu den berühmtesten Werken, die hier bewundert werden können, gehören die *Madonna d'Ognissanti* von Giotto (1310), die *Madonna mit dem Kind und Engeln* von Fra' Filippo Lippi (1455 bis 1466), der *Frühling* (1478) und die in der Kunstgeschichte wegweisende *Geburt der Venus* (1482) von Sandro Botticelli, die *Verkündigung* (1472) und die *Anbetung der Heiligen Drei Könige* (1481) von Leonardo da Vinci, Michelangelos auch *Tondo Doni* genannte *Heilige Familie* (1504), Raffaels *Madonna mit dem Stieglitz* (1506), Tizians *Venus von Urbino* (1538) – für viele der schönste Akt der Kunstgeschichte – und Caravaggios *Medusenhaupt* (1596). Hinzu gesellen sich neben vielen anderen große Meister wie Lukas Cranach der Ältere, Albrecht Dürer, Rembrandt van Rijn und Peter Paul Rubens.

EIN BESUCH DER UFFIZIEN

Kein langes Schlangestehen mehr vor den Museen! Die staatlichen Museen von Florenz werben mit einem exklusiven Online-Buchungsservice. Sie bieten die Möglichkeit, den Besuch in den Museen von Florenz an einem vorab gewählten Tag und zu einer gewünschten Uhrzeit zu buchen. Auf diese Weise wird versucht, die endlosen Schlangen vor den Ticketschaltern zu vermeiden. Über den Buchungsservice erhalten die Interessierten eine schon im Voraus bezahlte Reservierung, mit der dann bequem und ohne langes Warten der Besuch im Museum angetreten werden kann.
Die Besichtigung der Uffizien in einer geführten deutschsprachigen Gruppe dauert circa zwei Stunden und kostet 35 Euro pro Person. Kinder unter 6 Jahren nehmen kostenlos teil.
Die Uffizien sind außer montags täglich von 8.30 bis 18.50 Uhr geöffnet, der *Corridoio Vasariano* nur auf Anfrage. Einzeltickets kosten 6,50 bis 11 Euro (zuzüglich 4 Euro Buchungsgebühren – Tel. +39 055 294883). Die beste Zeit für einen Museumsbesuch sind die Monate von November bis März.

WEITERE INFORMATIONEN

www.uffizi.firenze.it
www.florence-museum.com/uffizien

Der Medici-Palazzo Pitti im Stadtteil Oltrarno (oben); der anmutige Giardino di Boboli ist seit 1766 für die Öffentlichkeit zugänglich (unten); der Saal des Prometheus in der Galleria Palatina im Palazzo Pitti (rechts unten); Cappella Brancacci, Ausschnitt aus dem meisterhaften Freskenzyklus von Masaccio und Masolino (rechts oben).

4 Florenz Oltrarno – das Juwel am anderen Ufer

Jenseits des Arno

Oltrarno ist der ländliche, grüne Stadtteil von Florenz. Hier, am anderen Ufer des Arno, geht das Leben einen ruhigeren Gang, prägen kleine Häuser und Läden das Stadtbild. Nur die Via Maggio fällt durch ihr geschäftiges Treiben aus der Rolle. Dort stehen die Paläste, die sich die adeligen Familien nach der Übersiedlung der Medici in den Palazzo Pitti um 1550 in deren Nähe errichten.

Der Ponte Vecchio ist ein berühmtes Wahrzeichen von Florenz, die einzige Brücke der Stadt, die im Zweiten Weltkrieg nicht zerstört wurde – und mit Sicherheit eine der am meisten fotografierten Brücken der Welt. Seit 1345 führt der von Neri di Fioravanti oder von Taddeo Gaddi erbaute Übergang über den Arno. Von Anfang an drängen sich auf ihm kleine Läden: Bis 1593 arbeiten hier die Metzger und Schmiede, die ihre Abfälle in den Arno werfen, Lärm und Gestank verursachen. Großherzog Ferdinand I. vertreibt sie deshalb und siedelt eine noblere Zunft auf der Brücke an: die Gold- und Silberschmiede. Diese prägen noch heute das Geschäftsleben über dem Arno. Seit 1565 führt über die Brücke der Corridoio Vasariano, der von Vasari gebaute Verbindungsgang der Medici zwischen Palazzo Vecchio, Uffizien und Palazzo Pitti.
Im Jahr 1457 lässt der Bankier Luca Pitti auf dem grünen Boboli-Hügel südlich des Arno von Filippo Brunelleschi einen Palast aus grob behauenen Steinquadern erbauen. Nach dem Bankrott von Pittis Erben erwirbt Eleonora von Toledo, die Gattin Cosimos I., 1549 den Palast. Sie beginnt mit großzügigen Ausbauarbeiten und der Anlage des Boboli-Gartens. Bartolomeo Ammanati ist verantwortlich für die Arbeiten, die den Palazzo zum größten Renaissance-Palast südlich des Arno werden lassen.
Für knapp 350 Jahre ist der Palazzo Pitti – mit kurzen Unterbrechungen – Residenz der Herzöge der Toskana und später des Königs von Italien. Vittorio Emanuele III. tritt ihn 1919 an den Staat Italien ab. Heute sind im Palazzo sieben verschiedene Museen untergebracht.

Sieben Museen auf einen Streich

Die seit 1833 öffentlich zugängliche Galerie Palatina zeigt einen Teil der Gemäldesammlung der Medici. Unter den über 1000 Kunstwerken befindet sich die umfangreichste Werksammlung von Raffael. Vor allem Künstler der Renaissance und des Barocks finden hier ihre Bühne, mit großen Meistern wie Botticelli, Perugino,

Tizian, Andrea del Sarto, Tintoretto, Veronese, Caravaggio, Rubens und van Dyck, um nur einige zu nennen.
Die königlichen Gemächer (Appartamenti Reali) bieten einen Einblick in das Leben eines der mächtigsten und einflussreichsten Herrschergeschlechter Europas. Den unendlichen Reichtum der Medici stellt das bedeutende Silbermuseum (Museo degli Argenti) eindrucksvoll zur Schau.
Die Galleria d'Arte Moderna dagegen hütet Bilder des Klassizismus und der Romantik aus den Jahren 1784 bis 1924. Die 1983 eröffnete Kostümgalerie (Galleria del Costume) führt in die Welt der Bekleidung und der Mode vom 18. bis zum 20. Jahrhundert ein. Sehenswert sind auch das Porzellanmuseum (Museo delle Porcellane) sowie das Kutschenmuseum (Museo delle Carrozze).

Der Giardino di Boboli

Der anmutige Giardino di Boboli, 1550 nach den Plänen von Niccolò Tribolo als Lustgarten für die Medici angelegt, ist seit 1766 für die Öffentlichkeit zugänglich. Er ist ohne Zweifel der eleganteste und schönste Renaissance-Garten Italiens. Mit seiner kunstvollen architektonischen Gestaltung bildet der 45 000 Quadratmeter große Garten ein einzigartiges Freilichtmuseum – mit zahlreichen wertvollen Skulpturen und Kunstwerken von der Zeit der Römer bis ins 17. Jahrhundert. Aus der ersten Bauphase stammt das gemauerte Amphitheater hinter dem Palazzo. Ein faszinierendes Beispiel manieristischer Architektur ist die Grotta Grande (1583–1593) mit den Kopien der *Gefangenen* von Michelangelo. Am Kaffeehaus von 1774 öffnet sich ein herrlicher Blick auf Florenz.

DIE CAPPELLA BRANCACCI

Nicht versäumen sollte man in Oltrarno einen Besuch in der Cappella Brancacci in der Chiesa di Santa Maria del Carmine. Die Arbeiten für die Kirche beginnen 1425 unter Masolino da Panicale im Auftrag des Kaufmanns Felice Brancacci. Den größten Teil der Fresken gestaltet der »Masaccio« genannte Maler Tommaso di Ser Cassai mit der für ihn typischen Perspektive, Farb- und Lichtführung und lebendigen Darstellung der Figuren. Zu den Höhepunkten seiner wegweisenden, innovativen Kunstwerke in der Kirche zählen *Die Vertreibung aus dem Paradies, Der Zinsgroschen* und der *Heilige Petrus*. Filippino Lippi vollendet 50 Jahre später das Werk des mit 27 Jahren verstorbenen Masaccio.
Für keinen Geringeren als Leonardo da Vinci zeigt Masaccio »... durch sein vollkommenes Werk, dass diejenigen, die sich von allem anderen eher als von der Natur – der Meisterin aller Meister – inspirieren lassen, sich vergebens mühen«.

WEITERE INFORMATIONEN

www.palazzopitti.it
www.polomuseale.firenze.it
www.museicivicifiorentini.it/brancacci

Die Villa della Petraia, ursprünglich ein altes Schloss aus dem Jahr 1362 (oben); Detail aus der Villa Medicea in Poggio a Caiano bei Prato, eine der bekanntesten Medici-Residenzen (unten); Ausschnitt aus der Sala del Fregio in der Villa Medicea (rechts unten); Frühlingsstimmung in Poggio a Caiano (rechts oben).

5 Florenz – auf den Spuren der Medici

Im unteren Arno-Tal

Wenn es in den Sommermonaten in Florenz drückend heiß wird, verlassen die Medici die Stadt und ziehen in kühlere Regionen. Wo wenige Kilometer weiter westlich im unteren Arno-Tal ein angenehmes Lüftchen weht, warten an den Hängen des Monte Albano ihre luxuriösen Sommerresidenzen und herrschaftlichen Villen. Hier halten die Medici Hof und feiern Feste.

Zu seiner Zeit zählt das Fürstengeschlecht Medici zu den mächtigsten und bedeutendsten Herrscherhäusern Europas. Sein Einfluss auf Kunst und Kultur sowie auf den Übergang vom Mittelalter in die Neuzeit ist unvergleichlich. Über 300 Jahre lang, von 1434 bis zum Aussterben der Familie 1737, regieren die Medici die Toskana.
Cosimo il Vecchio, »der Alte«, (1389 bis 1464), gründet die Dynastie, sein Enkel Lorenzo il Magnifico, »der Prächtige«, (1449–1492), ist als großer Kunstmäzen ein Wegbereiter der Renaissance. Dem ersten Papst aus der Familie, Leo X. (1513–1521), folgt sein Vetter Giulio als Clemens VII. (1523–1534) auf den Petersstuhl.
Caterina de' Medici heiratet 1533 den französischen König Heinrich II. Großherzog Cosimo I. (1519–1574) führt die Erblichkeit der Medici-Herrschaft ein und wird zum Inbegriff des Fürsten, wie er von Niccolò Machiavelli in dessen staatsphilosophischem Werk *Il Principe* beschrieben wird.

Villa Medicea in Poggio a Caiano

Eine der bekanntesten Residenzen ist die Villa Medicea in Poggio a Caiano, ein Städtchen mit 10000 Einwohnern in der Nähe von Prato. Von Lorenzo il Magnifico wurde die auch »Ambra« genannte herrschaftliche Sommerresidenz am Nordhang des Monte Albano um 1485 in Auftrag gegeben. Mit diesem Bau setzt Giuliano da Sangallo Maßstäbe für die ländliche Villenarchitektur der Renaissance: eine dominante, erhöhte Position in der umgebenden Landschaft, ein harmonisches Ineinanderfließen zwischen Innen und Außen mit Loggien, großen Fenstern und Terrassen, der Aufbau rund um einen zentralen Salon, um den sich die Räume in symmetrischer Ordnung verteilen, die bewusste Verwendung von architektonischen Elementen der Klassik wie Tonnengewölbe und Giebel des ionischen Tempelmusters in der Fassadengestaltung …
Das Innere der Villa entspricht heute nur mehr zum Teil den ursprünglichen Plänen. Wiederholte Umbau- und Adaptie-

rungsarbeiten haben das Ambiente im Lauf der Jahrhunderte entsprechend verändert. Mittelpunkt und Glanzstück der Villa ist der prunkvolle Saal Leo X. mit den groß angelegten Historiengemälden aus der römischen Geschichte. Im Erdgeschoss befinden sich ein Hoftheater aus dem 18. Jahrhundert und der Festsaal der Savoier aus dem 19. Jahrhundert. Mit der Gestaltung des weitläufigen, großzügig angelegten Gartens wird um 1520 Niccolò Tribolo beauftragt. Das Gelände wird im 19. Jahrhundert von Giuseppe Manetti unter Einfluss der englischen Gartenarchitektur neu gestaltet. Für die Medici erhält die Villa eine besondere Bedeutung: Alle frisch vermählten Medici-Paare verbringen hier ihre Flitterwochen. Unter Ferdinando de' Medici avanciert die Villa zu einem Zentrum der Kunst und Kultur. Und unter der Herrschaft von Napoleons Schwester Elisa Bonaparte wird Poggio a Caiano zum Mittelpunkt großer gesellschaftlicher Ereignisse.

Villa Medicea »La Ferdinanda«

Großherzog Ferdinando I. (1587–1609) beauftragt Bernardo Buontalenti um 1596, in Artimino in der Gemeinde Carmignano – ebenfalls an den Hängen des Monte Albano – mit dem Bau seiner Jagdresidenz. Vier wuchtige, festungsähnliche Eckvorbauten verstärken die Außenansicht der rechteckigen Villa, die auch »Villa Artiminio« oder nach ihren vielen Kaminen »Villa der hundert Kamine« genannt wird. Ein beeindruckender Treppenaufgang mit doppelter Rampe führt zum ersten Stock, in dem elegante, mit Fresken von Domenico Cresti und Bernardo Poccetti geschmückte Säle und insgesamt 56 Zimmer liegen. Im Erdgeschoss sind die großherzoglichen Weinkeller und Waffenräume untergebracht. Der gesamte Hofstaat der Medici trifft sich hier regelmäßig in den Sommermonaten. Im Sommer 1608 unterrichtet hier Galileo Galilei den Sohn des Großherzogs, den späteren Cosimo II.

DIE LANDVILLEN DER MEDICI

Die Villa Medicea in Poggio a Caiano beherbergt heute ein staatliches Museum. Die Besichtigung dauert circa zwei Stunden: eine Stunde ist für die Villa selbst zu veranschlagen, eine weitere nimmt das in den oberen Stockwerken eingerichtete Museo della Natura Morta in Anspruch. Über 200 Stillleben und Meisterwerke aus der Zeit vom 15. bis 17. Jahrhundert sind hier zu bewundern, unter anderem von Jan Brueghel, Mario dei Fiori, Bartolomeo Ligozzi, Margherita Caffi, Giovanni Stanchi, Andrea Scacciati und Otto Marseus. Zu sehen sind die Schätze nur im Rahmen geführter Gruppenbesichtigungen – jedoch bei freiem Eintritt. Geöffnet ist die Villa von 8.15–18.30 Uhr von Montag bis Sonntag, in den Wintermonaten sind die Öffnungszeiten etwas verkürzt. Auskünfte: Tourismusbüro Poggio a Caiano, Tel. +39 055 8798779, infoturismo@comune.poggio-a-caiano.po.it

Die Villa Ferdinanda wird für Konferenzen, Hochzeiten und Ausstellungen genutzt. Im ehemaligen Gesindehaus, der Paggeria, ist ein komfortables Hotel untergebracht.

WEITERE INFORMATIONEN

www.polomuseale.firenze.it
www.prolocopoggioacaiano.it
www.artimino.com

Spektakulärer Ausblick auf Florenz: vom Giardino Bardini auf dem Montecuccoli-Hügel aus (oben); im großzügig angelegten Fontelucente-Park der Villa Peyron in Fiesole (unten).

6 Fiesole – eine Perle in den Hügeln

Florenz aus der Vogelperspektive

Fiesole liegt in fantastischer Panoramalage auf einer sanften Hügelkette etwa acht Kilometer nördlich von Florenz. Wer einmal einen Blick von oben auf Florenz werfen möchte, der kommt um Fiesole nicht herum. Die 15 000-Einwohner-Stadt hat aber auch sonst einiges zu bieten.

Bereits die Etrusker gründen hier auf den Hügeln in strategischer Lage ihr Faesulea und befestigen die Stadt im 5. Jahrhundert v. Chr. mit einer ersten Stadtmauer. 225 v. Chr. unterliegen die Römer bei Faesulea den Kelten, einige Jahre später lagert Hannibal im Zweiten Punischen Krieg vor den Toren der Stadt. 90 v. Chr. zerstört der römische Feldherr Lucius Porcius Cato die Stadt, später lässt Kaiser Augustus ein großes Theater und Thermen bauen. Im Jahr 1125 fällt das nunmehrige Fiesole an das benachbarte Florenz – die neue Herrin lässt bis auf den Dom und den Bischofspalast fast die ganze Stadt zerstören.

Ruinen, Geschichte und Natur

Von Fiesoles historischem Erbe zeugen heute vor allem Ruinen aus allen Epochen. Aber nicht nur: An der zentralen Piazza Mino begeistern der Bischofspalast sowie die Kathedrale San Romolo aus dem 11. Jahrhundert mit einem schlanken Campanile und zahlreichen Werken von Künstlern aus Florenz. Das oberhalb von Fiesole gelegene Kloster San Francesco aus dem 14. Jahrhundert steht auf den Resten der etruskischen Akropolis und der 1125 zerstörten Burg. Im archäologischen Teil faszinieren die gut erhaltenen Überreste des römischen Theaters, der römischen Bäder und etruskischer Tempel. Aus den Steinbrüchen La Tagliata und La Latomia stammt der graue Sandstein, aus dem die meisten Gebäude in Florenz und Fiesole errichtet sind. Auf einer lohnenden Wanderung können die Wege der Steinmetze und deren Arbeit besichtigt werden. Bei den Steinbrüchen liegt auf der Anhöhe von Monteceneri zudem die Stelle, an der Leonardo da Vinci die ersten Versuche mit seiner berühmten Flugmaschine startete.

Im Lauf der Geschichte wird Fiesole zum Villenvorort für die Vornehmen und Reichen aus Florenz: Boccaccio, Poliziano, Lorenzo il Magnifico, Pico della Mirandola … sie alle führt der Weg hier herauf in die Hügel. Heute nehmen Touristen aus allen Erdteilen das ganze Jahr über die Stadt in Beschlag.

INFORMATIONEN:
www.comune.fiesole.fi.it
www.museidifiesole.it

7 Prato – Mode made in Toscana

Italiens Textilhauptstadt

Rund 20 Kilometer nordwestlich von Florenz schmiegt sich Prato an den Fluss Bisenzio. Seit Jahrhunderten spielt die historische Industriestadt eine herausragende Rolle in der Wollverarbeitung und der Produktion feiner Stoffe.

Erstmals urkundlich erwähnt wird Prato im 10. Jahrhundert. Die Bevölkerung gibt sich eine eigene Stadtverwaltung mit gewählten Konsuln und einem Bürgermeister. Die Stadtmauern zum Schutz des bereits florierenden Wollhandels werden im 12. und 13. Jahrhundert erbaut.
Der Kaufmann Francesco di Marco Datini steigt im 14. Jahrhundert zum bekanntesten Wollproduzenten und Händler seiner Zeit auf. Ihm verdankt Prato das umfangreichste Handelsarchiv des Mittelalters; es umfasst rund 150000 Schriftstücke aus Datinis Handelstätigkeit in den Jahren 1364 bis 1410. In Datinis Palazzo ist heute das Museo Casa Francesco Datini untergebracht.

Feiner Zwirn im großen Stil

Mit Beginn der Mechanisierung und Industrialisierung im 18. Jahrhundert verlagern sich die Schwerpunkte der Wollverarbeitung: In Prato konzentriert man sich nun darauf, im großen Stil Verschnitte und Wollreste zu verwerten und zu Stoffen zu verarbeiten. Mit diesen Produkten erobern die Händler schon bald die internationalen Märkte.

An die 9000 mittlere und kleine Handwerksbetriebe führen heute in der Region die Tradition weiter, die ein geflügeltes Wort zutreffend beschreibt: »In Florenz wird Mode entworfen und verkauft. In Prato wird sie gemacht.« Große Bedeutung kommt dabei Little Chinatown zu: Nirgendwo sonst in Italien leben und arbeiten so viele Chinesen wie in der Textilhauptstadt des Landes. Besucher fühlen sich in Prato jedoch keineswegs wie in einer typischen Industriestadt. Sehenswert sind hier der Dom Santo Stefano aus dem 10. Jahrhundert mit der Kanzel von Donatello und Michelozzo. Die Kapelle links neben dem Eingang hütet die hoch verehrte Reliquie *Sacra Cintola* – der »Heilige Gürtel« wurde der Legende nach von der Gottesmutter dem Apostel Thomas überreicht. Einzigartig ist auch das 1247 von Friedrich II. erbaute wuchtige Castello dell'Imperatore. Zum Spazieren und Shoppen lädt die großzügig angelegte Fußgängerzone in der Innenstadt ein.

INFORMATIONEN: www.pratoturismo.it, www.museodeltessuto.it

Der Dom Santo Stefano in Prato mit der von Donatello und Michelozzo gestalteten Außenkanzel (oben); Schneidermeister Bruno zeigt seine jüngste Kreation (unten).

Die prächtige gotische Kanzel von Giovanni Pisano in der Pieve Sant'Andrea in Pistoia (1298–1301), ein Hauptwerk mittelalterlicher italienischer Skulptur (oben); Blick von oben auf das Zentrum von Pistoia mit dem Baptisterium San Giovanni (rechts unten); Fassade der Kathedrale San Zeno in Pistoia (rechts oben).

8 Pistoia – Stadt der Gärten und Bäume

Beschauliche Harmonie

Abseits der großen Touristenströme, wenige Kilometer von Florenz entfernt, treffen in Pistoia Mittelalter, Renaissance und Barock in stilvoller Eintracht aufeinander. Die knapp 90 000 Einwohner zählende Stadt lebt heute zum großen Teil von einer kleinen Industrie und von den unzähligen Gärtnereien und Baumschulen, die die gesamte Umgebung in Beschlag nehmen.

Rund um den Domplatz finden sich die ältesten Siedlungsspuren aus der Bronzezeit und aus der Epoche der Etrusker. Das römische Pistorium wird schon im 2. Jahrhundert v. Chr. gegründet. Zur Stadt erblüht Pistoia aber erst im Mittelalter. Seinen Kern umgeben ab dem 8. Jahrhundert erstmals schützende Mauern. Als Freistadt mit einer ersten Stadtordnung im Jahr 1117 erlebt Pistoia einen wirtschaftlichen Aufschwung, und die heutige historische Altstadt dehnt sich entsprechend aus. Neue und erweiterte Stadtmauern werden zwischen 1150 und 1200 gebaut. Doch Kämpfe zwischen Ghibellinen und Guelfen und Auseinandersetzungen mit Florenz und Lucca bremsen die wirtschaftliche und politische Entwicklung. Nach fast einjähriger Belagerung – vom 22. Mai 1305 bis zum 10. April 1306 – ergibt sich das ausgehungerte Pistoia den Truppen von Florenz. Danach wird mit dem Bau der dritten, trapezförmig angelegten Stadtmauer begonnen. Der Domplatz mit Kathedrale, Turm, Baptisterium, Rathaus und Bischofspalast nimmt seine heutige Form an. Die internen Kämpfe zwischen den Familien Panciatichi und Canvellieri gehen aber auch unter der Herrschaft von Florenz weiter. Cosimo I. de' Medici beendet die Auseinandersetzung mit einer neuen Stadtherrschaft und beginnt 1539 mit dem Bau der Stadtfestung Santa Barbara.

Das Herz der Stadt

Der weit ausladende Domplatz mit den interessanten architektonischen Kontrasten bildet das historische Zentrum von Pistoia. Die Kathedrale San Zeno geht auf das 5. Jahrhundert zurück und wird in ihrer heutigen Form in romanisch-pisanischem Stil im 12./13. Jahrhundert erbaut. Vor der Kathedrale öffnet sich ein auf eleganten, zierlichen Pfeilern errichteter Säulengang mit einer kunstvollen Kassettendecke in glasierter Terracotta von Andrea della Robbia. Im Zentrum über dem Haupteingangstor thront zwischen zwei Engeln die Madonna mit dem Kind.

Einfach und doch majestätisch präsentiert sich das Innere der dreischiffigen Kathedrale. In einer Seitenkapelle befindet sich der mit über 600 Figuren reich verzierte Altar Dossale d'Argento di San Jacopo. Das beeindruckende Kunstwerk zählt zu den bedeutendsten Werken der Goldschmiedekunst in Italien. Im linken Hauptaltar hängt eine von Verrocchio und Lorenzo di Credi einmalig gestaltete Madonna mit Kind zwischen den Heiligen Zeno und Johannes dem Täufer.

Mittelalterliche Pracht

Auf der linken Seite der Kathedrale ragt der 1576 vollendete Glockenturm 67 Meter empor. Genau gegenüber steht das achteckige gotische Baptisterium, von Andrea Pisano 1361 aus weißem und grünem Marmor und mit eleganten Dekorationen erbaut. Zur rechten Seite der Kirche beherbergt der Bischofspalast aus dem 10. bis 12. Jahrhundert unter anderem das Dommuseum. Der Palazzo Pretorio aus dem Jahr 1367 ist heute Gerichtssitz. Das dominierende Gebäude am Domplatz ist jedoch das Rathaus mit seiner wuchtigen Fassade aus Sandstein. Bei einem Besuch des städtischen Museums können auch die herrlichen Säle des Palastes besichtigt werden.
Nicht weit vom Domplatz entfernt steht der herrliche Renaissancebau des Spedale del Ceppo. Das Krankenhaus wurde im 13. Jahrhundert gegründet. Seinen wunderbaren Vorbau von Giovanni della Robbia ziert ein Fries aus glasierter Keramik mit den sieben Werken der Barmherzigkeit.
Das mittelalterliche Zentrum der verträumten, ruhigen Stadt lädt mit seinen vielen schmucken Einkaufsläden und kleinen Trattorien zum Entdecken und zum Eintauchen in eine andere Zeit ein.

PISTOIABLUES

Beim Festival Pistoiablues verwandelt sich Pistoia alljährlich im Juli für vier Tage in ein internationales Mekka für Blues-, Rock- und Folkfans. Pistioablues geht seit 1980 auf der herrlichen Kulisse des Domplatzes von Pistoia sowie in den vielen Kneipen der Stadt über die Bühne. Nationale und internationale Stars aus der Blues-, Rock- und Folkszene – in den letzten Jahren unter anderen B.B. King, Paolo Nutini, Subsonica, John Hiatt, Gov't Mule, Paul Ubama Jones oder Piers Faccini – geben sich in diesem einmaligen Ambiente ein Stelldichein. Organisiert wird das Festival von der Vereinigung Blues In, der Stadt Pistoia und der Region Toskana.
Pistoia wartet aber auch das ganze Jahr über mit großartigen Veranstaltungen auf. Zu erwähnen sind die vielen historischen und traditionellen Feiern zu Ehren des Stadtheiligen St. Jakob mit dem spektakulären »Bärenturnier« Giostra del Orso, ein Reiterwettkampf, und das innovative Pistoia-Underground-Festival im September.

WEITERE INFORMATIONEN

www.terradipistoia.it
www.pistoiablues.com
www.pistoiafestival.it

Der klassizistische Tettuccio aus dem Jahr 1779, das repräsentativste und eindrucksvollste Thermalbad von Montecatini Terme (oben und rechts unten); im Pinocchio-Park in Collodi, der Heimat des wohl berühmtesten hölzernen Hampelmanns der Welt (unten und rechts oben).

9 Montecatini Terme – die heilenden Quellen

Wellness mondän

Das historische Montecatini Alto liegt oben auf der Hügelkuppe des Apennins, das neue Montecatini Terme zu dessen Füßen in der Valdinièvole zwischen Pistoia und Lucca. Montecatini Terme zählt zu den berühmtesten Thermalkurorten Italiens. Die Stadt ist aber nicht nur durch ihre Heilwässer, sondern auch durch die alljährliche medienwirksame Show zur Wahl der Miss Italia bekannt geworden.

Die Ebene Valdinièvole ist ein schwer zugängliches Sumpfgebiet, bis im 17. Jahrhundert Leopold, Großherzog der Toskana, beginnt, das Gebiet trockenzulegen und die bereits damals bekannten Heilquellen zu fördern. Dies ist die Geburtsstunde von Montecatini Terme oder Montecatini Bagni, wie der Ort in den Anfangsjahren genannt wird. 1773 lässt Leopold das Bagno Regio bauen, 1775 die Terme Leopoldine und 1779 die Thermenanlage Tettuccio. Rund um die Heilbäder entsteht das moderne Montecatini mit seinen großzügigen Parkanlagen und noblen Hotels, wie dem »Grand Hotel La Pace«. Elegante Villen und Gebäude im klassizistischen oder raffiniert-lieblichen Jugendstil, der in Italien *Stile Floreale* oder *Liberty* genannt wird, prägen das architektonische Bild der Stadt und machen diese zu einem Zentrum der Art-nouveau-Architektur.
Schon zu Beginn des 19. Jahrhunderts gilt Montecatini als eines der schönsten Heilbäder Europas. Der Aufschwung wird 1853 durch den Bau der Eisenbahn noch gefördert. Die Liste der Persönlichkeiten, die hier ihren Erholungsurlaub verbringen, ist lang. Vor allem auf Musiker übt die Stadt einen besonderen Reiz aus: Gioacchino Rossini lebt viele Jahre in der Locanda Maggiore, in der noch heute sein Musikzimmer besichtigt werden kann.
Giuseppe Verdi kommt 20 Jahre lang immer wieder hierher, ebenso wie Giacomo Puccini, Arturo Toscanini und Enrico Caruso. Ruggero Leoncavallo verlegt seinen Wohnsitz nach Montecatini, Pietro Mascagni und Richard Strauss weilen hier auf Kur. Im renommierten Montecatini Opera Festival wird die musikalische Tradition alljährlich wieder lebendig.

Stadt des Wassers

Die Heilquellen von Montecatini sind schon den Römern bekannt. Aus dem 14. Jahrhundert stammen die ersten wissenschaftlichen Untersuchungen über die Auswirkungen der einzelnen Thermalwasser. Dank ihrer Chlor-Phosphor-Natrium-Zusammensetzung sind sie speziell

bei gastrointestinalen Erkrankungen, Leber- und Gallenleiden sowie bei Herz-Kreislauf-Beschwerden und Hauterkrankungen wirksam und zu empfehlen. In den einzelnen Thermalbädern werden alle erdenklichen Therapieformen angeboten, von Trink- und Fangokuren über Inhalationstherapien bis zu Massagen und Ayurveda-Anwendungen.
Das repräsentativste und eindrucksvollste Thermalbad der Stadt ist der 1779 errichtete und von 1918 bis 1928 vollständig renovierte klassizistische Tettuccio. Der Name leitet sich von dem kleinen Dach, der *piccola tettoia*, ab, das die Mineralquelle ursprünglich schützte. Ein Spaziergang durch die mit Fresken, Keramikarbeiten und Kunstwerken reich dekorierte und künstlerisch gestaltete Anlage mit dem großzügig angelegten Park und der anschließenden Terme Regina wird zum einmaligen Erlebnis.
Die Terme Leopoldine aus dem Jahr 1775 wird zwischen 1922 und 1926 renoviert und zurzeit radikal umgebaut. Die Anlage Tamerici mit ihren kunstvollen Keramikarbeiten, Mosaikböden und bunten Glasfenstern von Galileo Chini dient heute vor allem Kunstausstellungen und verschiedenen Veranstaltungen. Die 1968 mit Beton und Glas umgestaltete Terme Exelsior und die 2009 vollkommen neu errichtete Terme Redi bieten modernste Thermalkuren mit allem Drum und Dran.
Montecatini Alto erreicht man mit der 1898 eröffneten Standseilbahn, die zu den ältesten Italiens zählt. Das 290 Meter hoch gelegene Zentrum mit dem herrlichen Panoramablick erlebt seine besten Zeiten im Mittelalter. Um die Jahrtausendwende wird die Burg mit Stadtmauer und 25 Wehrtürmen errichtet. 1554 schleift Florenz nach langen Machtkämpfen Burg und Wehranlagen. Nur ein einziger Turm, die Torre Ugolino, erinnert heute noch an das befestigte mittelalterliche Montecatini.

PARCO DI PINOCCHIO

Nur wenige Kilometer von Montecatini Terme entfernt lädt in Collodi der Parco di Pinocchio zu Besuch. Der wohl berühmteste hölzerne Hampelmann der Welt hat in dem kleinen Nest an den Ausläufern des Apennins seinen Ursprung. Carlo Lorenzoni (Collodi) verbringt hier einen Teil seiner Jugend, veröffentlicht 1881 seine *Abenteuer des Pinocchio* und erreicht mit seiner lebendigen Holzpuppe Weltruhm. Der 1956 eröffnete Pinocchio-Park überrascht mit vielen Skulpturen und in die herrliche Landschaft eingebundenen Stationen aus Pinocchios Leben, mit Kinderspielplatz und Abenteuerspaziergang, kleinem Museum, Kinderwerkstätten, verschiedensten Veranstaltungsangeboten und der Osteria del Gambero Rosso.
Sehenswert sind in Collodi zudem die im Renaissance- und Barockstil errichteten Gartenanlagen der benachbarten Villa Garzoni mit dem Butterfly-House sowie die nahe gelegene Kunststadt Pescia mit dem pittoresken Blumenmarkt.

WEITERE INFORMATIONEN

www.termemontecatini.it
www.montecatinioperafestival.it
www.pinocchio.it

Grotta del Vento
Barga
Bagni di Lucca
Parco naturale regionale delle Alpi Apuane
Villa Reale, Villa Mansi, VillaTorrigiani
Viaréggio
10
Montecatini Terme
Lucca
Lago Massaciúccoli
A 11
Collodi
A 12
Pisa
Arno
Marina di Pisa
Cáscina
San Miniato

10 Lucca – Geheimtipp hinter mächtigen Mauern

Ein bezauberndes Freilichtmuseum

Lucca ist weniger bekannt und überlaufen als die berühmten benachbarten Kunst- und Touristenorte und ist doch eine der reizvollsten Städte der Toskana. Der stimmungsvollen Atmosphäre hinter den mittelalterlichen Stadtmauern kann sich kaum jemand entziehen. Hinzu kommen herrliche Kunstwerke und historische Baudenkmäler, Festivals und Ausstellungen, die ihresgleichen suchen.

Die romanische Basilica minor von San Frediano in Lucca – von der Stadtmauer aus gesehen (oben); zum Aperitif in der Bar »Stella Popolare« auf der Piazza Napoleone (unten); im Garten des Palazzo Pfanner: ein kostbares Beispiel eines barocken Gartens, der mitten im Herzen des mittelalterlichen Lucca liegt (rechts).

Nachdem bereits die Etrusker ihre Spuren hier hinterlassen haben, gründen die Römer Lucca 180 v. Chr. als Kolonie. Zu Zeiten der Langobarden sitzt ein Markgraf in der Stadt auf dem Thron. Danach wird Lucca eine Stadtrepublik. Im 13. und 14. Jahrhundert erlebt die Stadt durch die Textilindustrie ihren Höhepunkt. Die Farbenpracht der hier produzierten Seide gilt als einzigartig. In der Folge steigt Lucca zu einer der einflussreichsten Städte Europas auf. Es folgt eine wechselvolle Geschichte mit Herzogtum und Lucchesischer Republik – bis zur Einigung Italiens im Jahr 1860.

Durch die wehrhafte Altstadt

Bei einem Spaziergang durch Lucca taucht man gleichsam in eine andere Welt ein. Die gewaltigen Stadtmauern umgeben das historische Zentrum noch heute wie ein starker Schutzschild. Hinter diesen Mauern scheint die Zeit stehen geblieben zu sein. Hier muss man sich Zeit nehmen und neben den obligaten Pflichtbesuchen in Ruhe durch die alten Gassen schlendern, sich einfach treiben lassen, in eine der vielen typischen Osterien einkehren und die Spezialitäten der Stadt genießen sowie bei einem der vielen künstlerischen und kulturellen Angebote vorbeischauen.
Beginnen wir unsere Besichtigungstour auf den Stadtmauern. Im 15. Jahrhundert erbaut, werden sie im 18. Jahrhundert zu einem herrlichen Stadtpark und zu einer grünen Oase umgewidmet, die wie ein Ring die Stadt umgibt. Die acht Meter breiten Mauern sind das Wahrzeichen von Lucca – und in ihrer ungebrochenen Wehrhaftigkeit wohl weltweit einzigartig. Die vier Kilometer lange grüne Erholungszone nutzen die Bürger von Lucca ausgiebig für ihre Freizeitgestaltung.
Von der Stadtmauer aus hat man auch den besten Ausblick auf die Häuser des historischen Zentrums. Das rechteckige Straßennetz zeigt noch heute die klassische römische Stadtplanung. »Stadt der hundert Kirchen« wird Lucca oft genannt, prägt doch sein Stadtbild eine wahrlich unübersehbare Anzahl von Kir-

Ein Fingerlabyrinth aus dem 12. Jahrhundert, in der westlichen Vorhalle des Doms von Lucca senkrecht in die Wand gemeißelt (oben); die 45 Meter hohe, 1390 erbaute Torre Guinigi mit ihrem Wahrzeichen, den sieben Steineichen (unten); die Chiesa di San Michele in Foro aus dem 12. Jahrhundert (rechts unten); im historischen Café »Caselli« (rechts oben).

chen und religiösen Einrichtungen. Darüber hinaus hat jeder größere Palast seine Privatkapelle aufzuweisen. Da kommt einiges zusammen.

Torre Guinigi und Torre delle Ore

Zwei Türme, die alle anderen überragen, stechen in der Altstadt besonders hervor. Die 45 Meter hohe berühmte Torre Guinigi wird um 1390 von der einflussreichen Familie Guinigi aus roten Tonziegeln erbaut. Ihr Wahrzeichen sind die sieben Steineichen auf dem Dach. Das Viertel längs der Via Guinigi zählt zu den ältesten und beeindruckendsten mittelalterlichen Quartieren der Stadt. Seit dem 13. Jahrhundert reihen sich hier die Palazzi von Luccas reichen Kaufmannsfamilien und bilden eine architektonisch kompakte romanisch-gotische Einheit. In einem der Palazzi der Familie Guinigi präsentiert das Museo Nazionale wertvolle Exponate aus Luccas Geschichte von der Etruskerzeit bis zum 18. Jahrhundert. Gleich in der Nähe zweigt die Via Fillungo ab. Die einstige römische Hauptverkehrsader durch die Stadt ist heute eine belebte Geschäftsstraße. Sie heißt nach der reichen Adelsfamilie Fillungo, die hier ihren Stadtsitz errichtet. Bei einem Bummel durch die Straße muss man aufpassen, dass man nicht an der Torre delle Ore vorbeiläuft. Der zwischen den Palazzi eingezwängte »Stundenturm« ist der höchste der Stadt und trägt seit 1390 eine Uhr. 207 Stufen führen hinauf zum Glockengehäuse, wo man neben einem herrlichen Stadtrundblick auch das vom Genfer Uhrenmacher Louis Simon 1752 eingebaute, handbetriebene mechanische Uhrwerk bewundern kann.

Der Dom von Lucca

Der Legende zufolge legt der heilige Frediano im 6. Jahrhundert den Grundstein für die Kathedrale San Martino. Bischof Anselmo da Baggio, der spätere Papst Alexander II., zeichnet 1060 für den Neubau des grandiosen Werkes verantwortlich. Ein dreiarkadiger, tiefer Portikus gliedert die aus weißem und schwarzem Marmor errichtete Fassade. Die rechte Arkade ist etwas schmäler. Darüber reihen sich auf drei Ebenen kleine und elegante Bögen mit kunstvoll verzierten Säulen und Einlegearbeiten. In der westlichen Vorhalle ist ein Fingerlabyrinth aus dem 12. Jahrhundert senkrecht in die Wand gemeißelt. Die Gestaltung des Flachreliefs ist identisch mit dem Labyrinth in der Kathedrale von Chartres. Der von Zinnen bekrönte, wuchtige Turm aus dem 13. Jahrhundert bringt die Harmonie und Eleganz der Fassade etwas ins Wanken.

Der dreischiffige, gotische Innenraum beeindruckt mit meisterhaft dekorierten Arkaden. Zahlreiche Kunstwerke schmücken die Seitenschiffe: der marmorne Sarkophag von Ilaria del Carretto, ein Werk von Jacopo della Quercia aus dem Jahr 1408, am Altar die einzigartige Darstellung der Madonna col Bambino von Domenico Ghirlandaio und gleich in der Kapelle daneben der monumentale Altar von Matteo Civitali. Im Zentrum des Hauptschiffes steht der achteckige Tempietto del Volto Santo von Matteo Civitali. Das hölzerne Kreuz *Volto Santo*, das »Heilige Antlitz«, schnitzte der Legende nach der Pharisäer Nikodemus.

Von den kirchlichen Bauwerken seien neben vielen anderen noch die zentral gelegene Chiesa di San Michele in Foro aus dem 12. Jahrhundert, die Basilika di San Frediano mit nobler Fassade und streng gehaltenem Innenraum sowie die alte Kathedrale der Heiligen Giovanni und Reparata erwähnt.

Musik, Festivals und Ausstellungen

Nun ist Zeit für eine Kaffeepause an der idyllisch gelegenen Piazza dell'Anfiteatro, die auf den Ruinen des antiken Forum Romanum erbaut wurde. Der ovale Platz ist von dicht gedrängten Wohn- und Geschäftshäusern gesäumt und durch vier Tore zu erreichen. Am 27. April findet hier alljährlich der bekannte, bunte Blumenmarkt statt.

Auf dem weiteren Weg durch die Altstadt stößt man unweigerlich auf die elegante Piazza Napoleone, die die Einheimischen »Piazza Grande« nennen. Auf dem Platz, der im 18. Jahrhundert im Auftrag von Elisa Bonaparte Baciocchi zu Ehren ihres Bruders Napoleon nach Pariser Vorbildern umgebaut wird, spielt sich seit Menschengedenken das politische Leben der Stadt ab. Der Herzogspalast aus dem 16. Jahrhundert ist heute Sitz der Provinzregierung.

Unbedingt sehenswert ist das Nationalmuseum im Palazzo Mansi aus dem 16. Jahrhundert. Dessen herrliche Säle und großartige Pinakothek genießt man am besten nach einer kurzen Erfrischungspause.

Lucca ist heute vor allem auch eine Stadt der internationalen Festivals und großen Ausstellungen. Und hier lebt die Musik: Giacomo Puccini, einer der berühmtesten Komponisten Italiens, ist 1858 an der Corte San Lorenzo geboren. Sein Geburtshaus ist seit Kurzem ein Museum.

COMIC, JAZZ UND FOTOGRAFIE

Ende Oktober, Anfang November treffen sich in Lucca alljährlich Künstler aus aller Welt zum internationalen Lucca Comic&Games-Festival. Nach den Festivals in Tokio und im französischen Angoulême ist es das größte seiner Art weltweit. Comics, Animation, Spiele, Filme, Musik und Cosplay stehen rund um die Uhr im Mittelpunkt des Interesses der durchschnittlich über 150 000 Besucher.

Das Museo del Fumetto MUF in einer ehemaligen Kaserne an der Piazza San Romano lädt das ganze Jahr über ein: Es zeigt die Geschichte des Comic anhand von Originalzeichnungen, Postern, lebensgroßen Figuren und virtuellen Szenenbildern aus der Welt von Walt Disney, Tarzan, Batman, Science-Fiction und Co.

Das Sommer-Jazzfestival auf der Piazza Napoleone taucht Lucca alljährlich im Juli in eine große Klangwolke. Von Ende November bis Mitte Dezember schließlich lädt Lucca zum renommierten Digital-Photo-Festival rund um die Fotografie und die Fotokunst ein.

WEITERE INFORMATIONEN

www.luccatourist.it
www.lemuradilucca.it
www.luccacomicsandgames.com
www.museonazionaledelfumetto.it

Ein Ausflug in die Umgebung von Lucca: die Villa Mansi in Segromigno von außen und innen (oben und unten); die Villa Reale mit ihren herrlichen Parkanlagen (rechts oben); vor der Villa Torrigiani in Camigliano, einem der bedeutendsten Barockbauten der Toskana (rechts unten).

11 Die Villen von Lucca – Idylle und Pracht

Gärten und Landpaläste

Die reichen Handelsfamilien aus Lucca errichten zwischen dem 15. und 19. Jahrhundert im ländlichen Umfeld der Stadt an die 350 prachtvolle Villen und Paläste als Sommerresidenzen – sie wissen, wo es sich am besten leben und feiern lässt. Die Villen Mansi, Reale, Torrigiani, Grabau und wie sie alle heißen, zählen mit ihren grandiosen Gartenanlagen zu den sehenswertesten Baudenkmälern Italiens.

Die meisten der berühmten Villen von Lucca liegen in den Hügeln im Nordosten der Stadt. Hierher führt in Richtung Abetone die Via delle Ville, die Villenstraße. Die Villa Reale, die Villa Grabau und die Villa Oliva Buonvisi liegen nur einige Hundert Meter voneinander entfernt. Die Villa Mansi befindet sich in Segromigno Monte, die Villa Torrigiani im Nachbarort Camigliano. Auf der anderen Seite von Lucca, in Richtung Pisa, findet sich in Vicopelago das grüne Freilichttheater Teatro di Verzura der Spätrenaissance-Villa Bernardini.
In den Villen kann man der Hitze der Stadt und dem lauten städtischen Treiben entfliehen. Hier werden in den Sommermonaten Gäste empfangen und rauschende Feste gefeiert. Prunkvolle Eleganz, träumerische Verspieltheit und einladende Ruhe prägen die herrlichen Anwesen. Weitverzweigte, wundervoll gestaltete Gartenanlagen, Lauben und Pavillons, Statuen und Kunstwerke, Wasserspiele, Zier- und Fischteiche gehören wie selbstverständlich zu jedem dieser schmucken Herrenhäuser. Hier verbringt man schließlich die lauen Sommerabende bei Konversation, Musik, Tanz und allerlei Schabernack.

Villa Reale, Villa Grabau und Villa Oliva

Die Villa Reale ist im Lauf ihrer Geschichte Anziehungspunkt für viele noble Gäste. Napoleons Schwester Elisa Baciocchi, die Herzogin von Lucca, gründet um 1805 die großzügig gestaltete Residenz um den ehemaligen Sommerpalast der Bischöfe von Lucca. Die wunderschönen Parkanlagen mit dem herrlichen Gartentheater und der Kamelien-Allee bleiben erhalten. Die Villa wechselt nach dem Sturz Napoleons öfters ihre adeligen Besitzer bis hin zum italienischen König Vittorio Emanuele II. Die heutigen Besitzer, die Grafen Pecci-Blunt, erweitern die Parkanlagen um einen Spanischen Garten, Bäche und einen Teich mit harmonisch-romantischer Note.
Die Villa Grabau in San Pancrazio ist eine der wenigen historischen Villen aus der

Zeit der Renaissance, deren originale Einrichtung und Bemalung erhalten ist. Sie wird von der reichen Kaufmannsfamilie Diodati auf den Resten eines mittelalterlichen Weilers erbaut und 1868 von Carolina Grabau, der Frau eines deutschen Bankiers, erworben. Neun Hektar Gartenanlagen mit jahrhundertealten Bäumen und botanischen Raritäten umgeben die Villa. Sehenswert ist die Limonaia aus dem 16. Jahrhundert, eine Orangerie mit über 100 Zitronenbäumen in Terracottavasen mit eingebrannten Wappen aus der Gründerzeit.
Die Villa Oliva – einst Buonvisi – geht auf das 15. Jahrhundert zurück. Sie wird von Matteo Civitali für Ludovico Buonvisi erbaut und von der Familie Oliva umgestaltet. Im Zentrum stehen zwei große Salons mit einer eindrucksvollen Galerie. Die Schönheit der fünf Hektar großen und auf unterschiedlichen Ebenen angelegten Parkanlage wird durch die vielen Springbrunnen und Fontänen unterstrichen.

Villa Mansi und Villa Torrigiani

Die Villa Mansi ist ein typisches Beispiel für die Kultur und Gesellschaft der Adelsrepublik Lucca. Die Mansi, eine der führenden Seidenhändlerfamilien der Stadt, erwerben im 16. Jahrhundert die Villa in Segromigno, lassen sie von Architekt Giusti ausbauen und mit zahlreichen Fresken von dem klassizistischen Maler Stefano Tofanelli ausschmücken. Den ausgedehnten Barockgarten gestaltet Filippo Juvarra.
Die Villa Torrigiani in Camigliano zählt zu den bedeutendsten Barockbauten der Toskana. Der Marchese Nicolao Santini lässt die Villa aus dem 15. Jahrhundert und vor allem die Parkanlagen mit vielen Details nach dem Vorbild von Versailles umgestalten. Die Villa wird noch heute von den Nachfahren der Santini bewohnt.

ZU BESUCH IN DEN VILLEN VON LUCCA

Die Parkanlagen der Villa Reale können in den Sommermonaten besichtigt werden. In den Wintermonaten nur auf Nachfrage: www.parcovillareale.it
Die Villa Grabau ist innen und außen ganzjährig zu besichtigen. In den Wintermonaten nur an Sonntagen: www.villagrabau.it
Die Gartenanlagen der Villa Oliva können in den Sommermonaten besichtigt werden. Die Villa selbst wird nur für Veranstaltungen geöffnet: www.villaoliva.it
Die Parkanlagen der Villa Mansi sind ganzjährig geöffnet: www.villamansi.it
Villa Torrigiani kann nebst Parkanlagen in den Sommermonaten besichtigt werden.
Museum, Villa und Park der um 1615 errichteten Villa Bernardini in Vicopelago können ebenfalls ganzjährig besichtigt werden. Die Villa kann auch für Hochzeiten und besondere Anlässe gemietet werden: www.villabernardini.it
Weitere sehenswerte Villen von Lucca sind auf www.villelucchesi.net zu finden.

WEITERE INFORMATIONEN

www.villeepalazzilucchesi.it

Castiglione di Garfagnana, im Zentrum der Garfagnana (oben); in der Osteria »Vecchio Mulino« in Castelnuovo geht's rustikal zu: Wirt Andrea schneidet von seiner Mortadella (unten).

12 Garfagnana – das Wanderparadies

Die grünen Berge der Toskana

Die grüne Gebirgslandschaft Garfagnana liegt zwischen den Apuanischen Alpen im Westen und dem Apennin im Osten. Von Lucca aus erreicht man sie am bequemsten durch das Tal des Serchio. Eine kurvenreiche Straße führt dort auf das Hochplateau rund um Castelnuovo della Garfagnana.

Ursprünglich bedeutet *Garfagnana* »Großer Wald«. Die bis vor wenigen Jahrzehnten abgeschiedene Landschaft hat ihre Identität in vielen Bereichen bewahrt und lebt noch heute ihre Geschichte. Zum Teil noch wild und unberührt, mit verzweigten Tälern und vielen kleinen Weilern, schroffen Schluchten und endlosen Buchen- und Kastanienwäldern, mit steil aufragenden Gipfeln und hügeligen Grasflächen ist in diesem noch ziemlich unbekannten Teil der Toskana für Abwechslung gesorgt.

Die Garfagnana verführt mit zahlreichen versteckten kunsthistorischen Kleinoden, mit romanischen Kirchen, mittelalterlichen Burgen und romantischen Bergdörfern, mit ihren Traditionen und gelebtem Brauchtum sowie nicht zuletzt mit ihren kulinarischen Spezialitäten – darunter 80 verschiedene Kastaniensorten, Dinkelmehl und Accasciato, der typische Käse der Gegend. Vor allem lockt die Garfagnana aber als einzigartiges Naturparadies. In Naturparks und auf Wanderwegen, in Höhlen und an Gebirgsseen, beim Canyoning und Wassersport kann man hier die Natur hautnah erleben.

Mit Rucksack, Fahrrad oder zu Ross

Gut ausgeschilderte Wanderwege führen durch das ganze Gebiet: von der leichten Kulturwanderung von Weiler zu Weiler und von Burg zu Burg bis zu ausgedehnten Trekking- und Klettertouren. In Bracciacorti in Pieve Fosciana kommen die Golfer auf ihre Rechnung. Und in einigen Agriturismi bietet sich die Möglichkeit zu Ausritten in die Umgebung.

Das grüne Herz der Garfagnana ist der Naturpark dell'Orecchiella nördlich von Castelnuovo auf der Seite des Apennins. Hier sagen sich noch Wolf und Hirsch, Mufflon und Wildschwein gute Nacht. Am einfachsten erreicht man den Park von Villa Collemandina aus über eine Panoramastraße mit herrlichem Ausblick. Am Besucherzentrum beginnt eine Vielfalt an Wanderwegen und Besichtigungstouren, beispielsweise zum Garten der Bergblumen, auf dem Weg der Quellen, auf dem Tierpfad oder die Wanderung auf den Monte Orecchiella.

INFORMATIONEN: www.turismo.garfagnana.eu, www.garfagnanaguide.it, www.garfagnanagolf.com

13 Grotta del Vento – die Höhle des Windes

Unterirdische Welt der Tropfsteine

Bizarre Stalagmiten und Stalaktiten, vielfarbige Sinterkaskaden und Alabastervorhänge, kleine, mit Kalzitkristallen verkrustete Seen, unterirdische Wasserläufe und beeindruckende Erosionsformen – die Grotta del Vento ist ein Muss für alle Höhlenbegeisterten und Abenteuerlustigen.

Wir erreichen die Grotta del Vento im Naturpark der Apuanischen Alpen von Lucca aus über Gallicano durch die atemberaubende Gallicano-Schlucht. Der Eingang zur Höhle befindet sich auf 642 Metern Meereshöhe. Ihre obere Einmündung liegt dagegen auf über 1400 Metern auf der gegenüberliegenden Bergseite. Ein 800 Meter hoher Luftschacht sorgt für den Temperaturausgleich – die Höhlentemperatur beträgt das ganze Jahr über gleichbleibend etwa 10,7 °C. Öffnet der Führer das Eisentor zum Eingang der Grotte, so bläst den Besuchern aufgrund der Luftströme und der Unterschiede zwischen Innen- und Außentemperatur ein starker, kühler Wind entgegen: Er hat der Höhle ihren Namen gegeben.
Bis ins 18. Jahrhundert benutzen die Einwohner von Fornovalesco und Trimpello den Eingangsbereich der Höhle als natürlichen Kühlschrank für ihre Lebensmittel. 1932 wird die 4570 Meter tiefe Tropfsteinhöhle erstmals gründlicher erforscht. Gar manche Abzweigungen, Stollen und Steilschächte gilt es aber noch zu entdecken.

Eine Reise ins Innere der Erde

Drei Besichtigungstouren werden – mit wenigen Ausnahmen – ganzjährig angeboten. Der erste, einfach begehbare und einen knappen Kilometer lange Rundgang dauert circa eine Stunde und bietet einen ersten Einblick in die faszinierende unterirdische Welt. Rundgang Nummer zwei dauert zwei Stunden. Er führt auf gut beleuchteten Wegen weiter hinein in den Berg, zu unterirdischen Flüsschen und vom Wasser glattgeschliffenen Höhlen. Der dritte Rundgang ist am anspruchsvollsten: Auf dem dreistündigen, mehrere Kilometer langen Rundgang gilt es über 1200 Stufen zu bewältigen. Er führt vorbei an senkrechten Schächten, über den Abgrund einer tiefen Schlucht, zu atemberaubenden Ansichten … ein Abenteuer und Höhlenerlebnis pur.
Ein Tipp: Sehenswert sind auch die noch weniger bekannten und nicht weit entfernt gelegenen Grotte dell'Antro del Corchia in Levigliani di Stazzema.

INFORMATIONEN:
www.grottadelvento.com
www.antrocorchia.it

Beeindruckend: die Grotta del Vento bei Fornovalesco im Naturpark der Apuanischen Alpen mit ihren bizarren Stalagmiten und Stalaktiten und ihrer faszinierenden unterirdischen Welt (oben).

Die Mitte

Die beleuchtete Fassade des Doms von Siena (oben); Weinberge in Panzano in Chianti (Mitte); Willkommen im Weingut Castello di Ama (unten); historische Parade beim Palio in Siena (rechts).

Eingang zu einem Feinkostgeschäft in Volterra (oben); Herbst in den Weinbergen des Chianti Classico (rechts oben); im »Weinarchiv« in den alten Kellern vom Castello di Fonterutoli in Castellina in Chianti (rechts unten).

14 Chianti – im Land des guten Weins

Weinkultur zwischen Florenz und Siena

Chianti und Toskana, die beiden Begriffe sind zum Synonym geworden. Wer an die Toskana denkt, der denkt wohl automatisch gleichzeitig an den Chianti. »Ja, ja der Chianti-Wein, der lädt uns alle ein ...«, – wer summt nicht mit bei der alten Schlagermelodie. Dabei ist der Chianti mehr als nur der berühmteste Wein Italiens: »Chianti« wird auch das gesamte Gebiet der Zentraltoskana von Florenz bis nach Siena genannt.

Wir begeben uns auf eine Reise in eine der bekanntesten und faszinierendsten Gegenden der Toskana. Die Herkunft des Wortes Chianti ist umstritten. Das erste Mal taucht der Name in einem Dokument der Abtei San Bartolomeo a Ripoli im Jahr 790 auf. Aus dem Jahr 1404 stammt die erste Urkunde mit der Bezeichnung *Vino Chianti* für den Wein aus der Gegend. Der hat im Chianti-Gebiet auf jeden Fall eine lange Tradition und die Region so tief geprägt wie kaum ein anderes Gebiet. Höchstens die »Fremden«, die sich hier in den letzten Jahrzehnten scharenweise ihre Ferienresidenzen eingerichtet haben, üben einen ähnlich großen Einfluss aus.

Die Straße des Chianti Classico

Gleich nach Florenz begegnen uns auf unserer Reise über die sanften Hügel die ersten Weinberge mit einladenden Weingütern, stattlichen Villen, wehrhaften Burgen und mittelalterlichen Dörfern und Weilern. Das um 1350 befestigte, auf den Hügeln zwischen den Tälern des Pesa und des Greve gelegene San Casciano in Val di Pesa – in der Geschichte für die Verteidigung von Florenz von strategischer Bedeutung – ist für uns das Tor ins klassische Chianti-Gebiet. Im Ortsteil Sant'Andrea in Percussina schrieb Niccolò Machiavelli 1512 sein Hauptwerk *Il Principe – Der Fürst*.

Über die alte Via Cassia geht es weiter über Tavernelle Val di Pesa nach Barberino Val d'Elsa. Das reizende Zentrum des Ortes bildet die Piazza Barberini mit dem Palazzo Pretorio und der Pieve di San Bartolomeo. In unmittelbarer Nähe haben die Florentiner 1202 den wehrhaften römischen Stützpunkt Semifonte dem Erdboden gleichgemacht.

Bevor wir die Provinz Florenz verlassen, wenden wir uns Greve in Chianti zu. Das Dorf liegt eingebettet in einer urtümlichen Hügellandschaft, ist als Marktflecken bekannt und gilt als das Zentrum des Chianti Classico. Hauptanziehungspunkt in Greve ist der einladende, dreieckige Hauptplatz mit den alten Lauben und schmucken Geschäften.

Kunstinstallation im Garten der Fattoria Nittardi (oben); alte Chianti-Jahrgänge im Castello di Fonterutoli (Mitte); im Weintresor des Weinguts Capanelle von James B. Sherwood (unten); Klaus Johann Reimitz im Weingut Montevertine in Radda in Chianti (rechts unten); im Weinkeller von Badia a Coltibuono in Gaiole in Chianti (rechts oben).

Aristokratische Ländlichkeit

Beschützt von einer massiven Rocca samt Wehrturm aus dem 15. Jahrhundert, liegt Castellina in Chianti sehr erhaben 580 Meter hoch. Das historische Zentrum der ehemaligen Hauptstadt der Region wartet mit einer Reihe eleganter Renaissance-Paläste auf. Bevor wir durch dichte Eichenwälder nach Radda fahren, lohnt sich ein Abstecher nach Fonterutoli mit der beeindruckenden Patrizier-Villa der Familie Mazzei, den Herren des Dorfes seit 1435. Auf einem Hügel mit 360-Grad-Weitblick lockt Radda als Inbegriff eines Weindorfes. Das alte Zentrum, die Piazza Ferrucci mit dem Palazzo Pretorio, der Kirche San Niccolò und den sehenswerten, engen Gassen wird von den Resten der alten Burg überragt.
Gaiole in Chianti, im 13. Jahrhundert als Marktflecken für die vielen umliegenden Burgen gegründet, ist heute das Zentrum der Cinta-Senese-Zucht – einer der ältesten freilebenden Schweinerassen Italiens. Ganz in der Nähe geht es zur Burg Brolio, dem Familiensitz der Ricasoli. In der Kapelle San Jacopo aus dem 14. Jahrhundert befindet sich das Mausoleum der einflussreichen Familie.
In Castelnuovo Berardenga entdecken wir das innovative Landschaftsmuseum – und stoßen an die Grenze des Chianti Classico. Ganz in der Nähe lädt in Pieveasciata der Parco Sculture del Chianti zu einem erholsamen und anregenden Besuch ein. In einer Dauerausstellung präsentiert er Skulpturen und Installationen, die perfekt in den umgebenden Wald integriert sind.
Nicht versäumen sollte man zudem die Burgenstraße des Chianti Classico, die sich kurvenreich durch die Landschaft,

durch Weinberge und Olivenhaine, mediterrane Macchia und Steineichenwälder schlängelt und die alten Schlösser und Burgen verbindet. Dafür braucht es aber – wie überall in dieser wunderbaren Gegend – viel Zeit. Im Chianti reist man nämlich langsam.

DOCG Chianti: kontrolliert und garantiert

Die eigentliche Geschichte des Chianti Classico beginnt im 19. Jahrhundert. Bettino Ricasoli, der »Eiserne Baron« und neben Cavour, Mazzini und Garibaldi einer der Hauptakteure bei der Einigung Italiens, schreibt 1874 auf seinem Castello di Brolio in Gaiole in Chianti in seinem *Governo del Vino* die Regeln für die Produktion des neuen Chianti nieder. Dabei legt er erstmals die Prozentsätze der einzelnen Rebsorten fest, welche die Grundlagen des Weines bilden dürfen: Den Hauptanteil macht mit 70 Prozent

der Sangiovese aus, der für Aromen und Gerbstoffstruktur verantwortlich ist. Die 20 Prozent Cannaiolo geben dem Wein die Weichheit, die zehn Prozent weiße Rebsorten Malvasia oder Trebbiano sorgen für ein Mehr an Geschmack und Frische. Mit Baron Ricasoli, der einen Chianti will, den man trinken und verkaufen kann und der zudem noch problemlos lagern und reifen soll, beginnt der Rebensaft seinen Siegeszug. In der Folge steigt er zu einem der bekanntesten und beliebtesten Weine Italiens auf.

Bereits 1716 grenzt der Großherzog der Toskana, Cosimo III., erstmals das klassische Anbaugebiet auf die Gemeinden Gaiole, Radda, Castellina und einen Teil von Greve ein. 1967 erhält der Chianti die geschützte Ursprungsbezeichnung DOC, 1984 die geschützte und kontrollierte Bezeichnung DOCG. Das Consorzio del Chianti Classico wird 1987 neu gegründet und hat seinen Sitz in Sant'Andrea in Percussina in der Gemeinde San Casciano in Val di Pesa. In sieben Anbaugebieten darf heute Chianti produziert werden. Ihre Bezeichnungen lauten: Colli Fiorentini, Colli Senesi, Montalbano, Montespertoli, Rufina, Colli Aretini und Colline Pisane. Der Chianti Classico allerdings ist auf die klassische Zone in der Provinz Florenz (30 500 Hektar) mit den Gemeinden San Casciano in Val di Pesa, Tavernelle Val di Pesa, Barberino Val d'Elsa und Greve in Chianti, der Provinz Siena (41 000 Hektar) mit Castellina, Radda und Gaiole in Chianti sowie Castelnuovo Berardenga und Poggibonsi beschränkt. Bis zum Jahr 2005 ist der Gallo Nero, der schwarze Hahn – Symbol der Lega del Chianti seit dem Jahr 1384 – auch das Sinnbild des Chianti sowie Logo der historischen Marke des Consorzio del Marchio Storico.

80 Prozent muss der Mindestanteil an Sangiovese-Trauben beim Classico heute betragen. Bis zu 20 Prozent kann der Anteil der autochthonen Canaiolo und Colorino oder der internationalen Sorten Cabernet Sauvignon und Merlot ausmachen. Die weißen Sorten Trebbiano und Malvasia dürfen seit 2006 beim Classico nicht mehr verwendet werden. Beim normalen Chianti sind seit 2003 neben den zehn Prozent Canaiolo und den 15 Prozent der anderen roten Rebsorten nach wie vor auch zehn Prozent an Trebbiano und Malvasia erlaubt. Der Wein darf ab dem 1. Oktober im Jahr nach der Ernte auf den Markt kommen, die Riserva nach 24 Monaten Lagerung.

WEINGÜTER & CO.

Den traditionellen Chianti in der bauchigen, strohumflochtenen Korbflasche, dem *fiasco*, gibt es heute nur noch für nostalgische Touristenherzen. Der Chianti ist viel besser geworden, auch wenn es heute auffallend ruhig um den einst bekanntesten Wein Italiens geworden ist. Was die Vielzahl an adligen und bäuerlichen Weingütern im Chianti heute anzubieten hat, ist beachtlich. Dem Genießer bleibt die Qual der Wahl. Einige Produzententipps für das Classico-Gebiet: Agricoltori del Chianti Geografico, Badia di Coltibuono, Barone Ricasoli, Castell'in Villa, Castellare in Castellina, Castello di Ama, Castello di Fonterutoli, Castello di Volpaia, Fattoria di Felsina, Fontodi, Lamole di Lamole, Riecine, Villa Vignamaggio …

Ein Besuch lohnt sich zudem beim erfrischend verrückten Kult-Metzger Dario Cecchini in Panzano, beim tiefgründigen Pasta-Philosophen Giovanni Fabbri sowie bei den passionierten Safranproduzenten und Olivenöl-Brüdern Gianni e Paolo Pruneti in Greve in Chianti.

WEITERE INFORMATIONEN

www.chianticlassico.com
www.chiantisculpturepark.it/de
www.comune.castelnuovo-berardenga.si.it

Blick über die Weinberge auf San Gimignano, die Stadt der Türme (oben); auf der nächtlichen Piazza Duomo in San Gimignano (unten); am Abend herrscht in der Altstadt von San Gimignano ein ganz besonderes Flair (rechts).

15 San Gimignano – die Stadt der Türme

Wehrhafte Wolkenkratzer

Das Städtchen San Gimignano zählt 8000 Einwohner und ist neben Florenz, Siena und Pisa eines der beliebtesten Touristenziele in der Toskana. Das »Manhattan des Mittelalters«, wie die Stadt der Türme in Anspielung auf ihre Aufsehen erregende Skyline auch genannt wird, besticht mit ihrem gemütlichen Flair, mit reichen Kunstschätzen und den malerischen Sehenswürdigkeiten.

Einst ragten 72 Türme in San Gimignano gen Himmel, 15 davon sind übrig geblieben. Schon von Weitem sieht man sie über die Dächer der Stadt aufragen, die sich nördlich von Siena auf einem 334 Meter hohen Hügel oberhalb der Val d'Elsa erstreckt.
Um ihre Macht zu demonstrieren, bauen die einflussreichen Familien von San Gimignano im 12. und 13. Jahrhundert Türme. Meist sind dies quadratische Wohntürme, die ursprünglich als Verteidigungswerke geplant sind, allmählich aber zu reinen Prestigeobjekten werden: Je höher der Turm, desto angesehener sind seine Besitzer und deren Familie. Die ehrgeizigen Rivalitäten der Adeligen treiben die Bauwerke immer mehr in die Höhe. Die baulichen Möglichkeiten der Zeit werden bis an ihre statischen Grenzen voll ausgeschöpft. Mitte des 13. Jahrhunderts wird dem ein Riegel vorgeschoben: Der 54 Meter hohe Ratshausturm, die Torre Grossa, dient von nun an als Höchstgrenze: Kein anderer Turm darf höher gebaut werden, und all jene, die bereits höher sind, müssen auf dieses Maß zurückgestutzt werden. Der »dicke Turm« neben dem Palazzo del Popolo am Domplatz ist auch heute noch der höchste Turm – und der einzige, der für Besucher offen und zu besichtigen ist. All die anderen Türme verteilen sich als beeindruckende Zeugen längst vergangener Zeiten auf das Stadtgebiet.

Geschlechtertürme – die Casetorri

Geschlechtertürme entstehen in vielen mittelalterlichen Städten, doch nirgendwo sind noch so viele so gut erhalten wie in San Gimignano. Andernorts müssen sie in den meisten Fällen neuen Palästen und Stadtsanierungen weichen. In Bologna beispielweise sind nur zwei von insgesamt 180 solcher Türme übrig geblieben, in Deutschland stehen in Regensburg noch einige gut erhaltene Exemplare. In San Gimignano haben sich die Bauwerke bewahrt, weil die Pest im 14. Jahrhundert in die einst reiche Stadt Armut und Not bringt. San Gimignano bleibt in seiner Entwicklung stehen, denn

Roberto del Zoppo und Clady Tancredi laden in ihre Trattoria »Dulcis in fundo« in San Gimignano ein (oben); Detail auf der Piazza della Cisterna in San Gimignano (unten); eine märchenhafte Silhouette: San Gimignano aus der Ferne (rechts unten); Gaetano und Giovanni Trovato im Sternerestaurant »Arnolfo« in Colle di Val d'Elsa (rechts oben).

für Erneuerungen fehlt das Geld. Ein Glück für uns: Zumindest ein kleiner Teil der Geschlechtertürme zeugt hier noch heute von mittelalterlichen Eitelkeiten und Fehden. 1990 erklärte die UNESCO die Geschlechtertürme von San Gimignano zum Weltkulturerbe.

An der Via Francigena

San Gimignanos Wurzeln reichen, wie in der Region üblich, bis in die etruskische Ära im 3. Jahrhundert v. Chr. zurück. Die heutige Stadt heißt nach dem Bischof von Modena, dem heiligen Geminianus, und wird erstmals 929 als »Weiler an der Via Francigena« erwähnt. Die ursprüngliche, bereits ummauerte Siedlung breitet sich zwischen dem Hügel Montestaffoli, auf dem die Florentiner 1353 eine Burg erbauen, und der Anhöhe della Torre aus, wo der Bischofspalast und die Collegiata stehen. Eine Erweiterung des Städtchens Richtung Norden und Süden erfolgt entlang der mittelalterlichen Handels- und Pilgerroute Via Francigena, die sich noch heute als Hauptachse durch die Altstadt zieht. Von Siena kommend, verläuft sie durch die Porta San Giovanni im Süden bis zur nördlichen Porta San Matteo in Richtung Pisa.

Im 12. Jahrhundert wird San Gimignano zur Freistadt und erlebt in den nächsten 150 Jahren seine Blütezeit. Vor allem der Handel und der Anbau von Safran prägen das wirtschaftliche Leben und verhelfen der Stadt zu Reichtum und Ansehen. Die Regierung der Konsuln wird durch einen gewählten Podestà abgelöst. Diesem stehen ein kleiner und ein großer Rat – mit 1200 Mitgliedern – zur Seite. Im Mai 1300 kommt der in Florenz geborene Dante Alighieri in diplomatischer Mission als Vertreter der Guelfen nach San Gimignano. Zwei Monate lang wird er Mitglied des Priorats, des sechs Mitglieder umfassenden höchsten Gremiums der Stadt. 1319 versucht er erneut, die zerstrittenen Parteien der Guelfen und Ghibellinen in der Stadt auszusöhnen. Vergeblich.

Anhaltende Konflikte und Kriege um Besitzrechte mit den Bischöfen von Volterra und den Nachbarorten hinterlassen ihre Spuren. Aber auch innerhalb der Stadtmauern bekämpfen sich die Geschlechter: Die Ardinghelli, die papsttreuen Guelfen, und die Salvucci, die auf der Seite der kaiserlichen Ghibellinen stehen, bekriegen sich bis aufs Blut. Durch Kriege, Auseinandersetzungen und die schreckliche Pest von 1348 verarmt und geschwächt, verzichtet San Gimignano 1351 auf seine Freiheit und unterwirft sich endgültig Florenz.

Rund um die Pilgerroute

Von der Porta San Giovanni im Süden führt ein Bummel entlang der alten Via Francigena hinauf zur Piazza della Cisterna, auf der seit 1273 ein monumentaler Brunnen plätschert. Auf der linken Seite steht der Turm der Ardinghelli aus dem 13. Jahrhundert. Auf der anschließenden Piazza del Duomo präsentiert sich linker Hand der 1288 vollendete Palazzo del Popolo, heute Sitz der Stadtverwaltung und des Stadtmuseums. Gleich daneben reckt sich die Torre Grossa von 1311 gen Himmel. An der rechten Seite des Platzes steht der Palazzo del Podestà von 1239 mit dem Turm La Rognosa. Der romanische Dom aus dem 11. Jahrhundert, die Collegiata, erweist sich als kunsthistorisches Juwel mit herrlichen

Fresken von Benozzo Gozzoli, Jacopo della Quercia, Taddeo di Bartolo und Ghirlandaio. Linker Hand geht es hoch zur Ruine der Rocca di Montestaffoli, wo eine herrliche Aussicht lockt. Die Burg wurde 1353 von den Florentinern erbaut und 1558 von Cosimo I. wieder niedergerissen. Die Kirche Sant'Agostino von 1298 steht an der nördlichen Stadtmauer. Entlang des Mauerrings schließt sich der Kreis über die Porta San Jacopo, mit dem Haus der heiligen Fina, den öffentlichen Brunnen aus dem 12. Jahrhundert außerhalb der Stadtmauern und der Anhöhe della Torre mit der unterhalb gelegenen Chiesa San Domenico.

Vernaccia di San Gimignano

Der Vernaccia di San Gimignano ist der klassische Weißwein aus San Gimignano, einer der wenigen autochthonen Weißen der Toskana. Seine Ursprünge reichen weit zurück in die Geschichte. Aus dem Jahr 1276 stammt seine erste schriftliche Erwähnung in einer Steuerrolle der Gemeinde. Am bedeutendsten ist jedoch seine Erwähnung in Dante Alighieris *Divina Commedia*. Darin schickt der Dichter Papst Martin IV. ins Fegefeuer, damit dieser seine übertriebenen Gaumenfreuden sühne – ganz besonders die in Vernaccia ertränkten Aale (Purgatorio, Canto XXIV). Der Wein wird zu mindestens 85 Prozent aus der Rebsorte Vernaccia gekeltert. Bis zu einem Anteil von 15 Prozent können auch einige andere weiße Rebsorten beigemengt werden. 1966 erhält der Vernaccia di San Gimignano als erster italienischer Wein die kontrollierte Ursprungsbezeichnung DOC, seit Juli 1993 trägt er mit der kontrollierten und garantierten Ursprungsbezeichnung DOCG das Siegel der höchsten Qualitätsstufe. Rund 180 Winzer bearbeiten die insgesamt 770 Hektar umfassenden zugelassenen Rebflächen und erzeugen im Durchschnitt rund vier Millionen Liter Wein. Ab einem Jahr Reifung kann der Wein die Qualitätsbezeichnung »Riserva« tragen.

DIE KRISTALLSTADT COLLE DI VAL D'ELSA

Nur wenige Kilometer von San Gimignano entfernt liegt Richtung Siena das kontrastreiche Städtchen Colle di Val d'Elsa. Die Unterstadt, Colle bassa, ist industriell geprägt. Der antike Stadtkern, Colle alta, liegt auf einem Hügel. Die engen Täler, die Colle di Val d'Elsa durchziehen, teilen den Ort in die drei Stadtteile Piano, Borgo und Castello. Die historische Altstadt, die noch heute von den Überresten des Mauerrings aus dem 13. Jahrhundert eingeschlossen wird, ist auf jeden Fall sehenswert.
Ende des 16. Jahrhunderts hat in Colle di Val d'Elsa die Glasindustrie ihren Ursprung. Heute stellt man hier edle Kristallgläser her, durch die die Stadt internationale Bekanntheit erlangt hat. Mehr als 90 Prozent der italienischen und mehr als zehn Prozent der weltweiten Produktion stammen aus dem Städtchen mit nur 20000 Einwohnern. Im Museo del Cristallo in der Via dei Fossi 8/A wird die Entwicklung der Glasproduktion von einst bis heute in sehr anschaulicher und ansprechender Art nachvollzogen.

WEITERE INFORMATIONEN

www.sangimignano.com
www.vernaccia.it
www.cristallo.org

Sommerliche Stimmung in der Toskana: mit Sonnenblumenfeld und der herrlichen Kulisse von San Gimignano.

Die berühmte »Urna degli Sposi« im Etruskermuseum Guarnacci in Volterra ist mit einem besonderen Relief verziert, mit einem beim Festmahl liegenden Paar (oben); Bar im Zentrum (unten) und Palazzo dei Priori in Volterra (rechts unten); Alabastri rossi – Werkstatt zur Alabasterverarbeitung (rechts oben).

16 Volterra – eine Reise ins Mittelalter

Die Stadt aus Stein

In Volterra haben zweieinhalbtausend Jahre Geschichte unauslöschliche Spuren hinterlassen. Sei es bei einem Spaziergang durch die Straßen der Altstadt oder einem Besuch seiner sehenswerten Museen: Auf Schritt und Tritt begegnen einem hier außerordentliche historische und künstlerische Zeugnisse aus dem Zeitraum von den Etruskern bis hin zum späten Mittelalter.

Volterra liegt etwas abseits auf einem 531 Meter hohen Bergrücken, der die beiden Täler Cècina und Era trennt und gleichzeitig dominiert. Inmitten dieser spektakulären, zerfurchten Landschaft, die durch Erosion gebildete Abbrüche und Geröllhalden prägen, entsteht im Mittelalter auf den Spuren einer alten Etruskerstadt das noch heute von einer intakten Stadtmauer umgebene Volterra. »Stadt der Winde und der Steine« hat Gabriele D'Annunzio es einst getauft.

Das etruskische Velathri

Im 4. Jahrhundert v. Chr. leben etwa 25000 Menschen in Velathri. Es ist eines der wichtigsten Zentren Etruriens und zählt zu den ältesten der einstmals zwölf Bundesstädte des Reichs. Aufgrund ihrer abgeschiedenen Lage fällt die Stadt mit der sieben Kilometer langen Mauer rund um Akropolis und Nekropolis als letzte Hochburg der Etrusker in die Hände Roms. Das Stadttor Porta all'Arco ist das letzte gut erhaltene Relikt der etruskischen Verteidigungsanlage.

Das heutige historische Zentrum wird mitsamt den neuen Stadtmauern im 12. und 13. Jahrhundert fast zur Gänze aus dem grauen Panchina-Stein erbaut. In diese Zeit der Freistadt fällt auch die Errichtung der massiven Verteidigungsanlagen bei den Stadttoren. Die große Burg wird auf den Überresten der alten Akropolis am höchsten Punkt der Stadt erbaut. Den ersten Teil, die Rocca Vecchia, errichtet um 1342 Herzog d'Atene Gualtieri di Brienne, Gouverneur der Toskana. Die Rocca Nuova lässt Lorenzo il Magnifico zwischen 1472 und 1475 errichten, »contro la città« – »gegen die Stadt« – und um deren Widerstand gegen Florenz zu brechen.
Die Stadt präsentiert sich noch heute als eine der besterhaltenen mittelalterlichen Städte Italiens. Den Mittelpunkt bildet die Piazza dei Priori, auf der seit dem Mittelalter jeden Samstag ein großer Markt stattfindet. 1254 wird der Palazzo dei Priori, das älteste Rathaus der Toskana, unter Bürgermeister Bonnacorso Adimari fertiggestellt. Der Dom Santa

Maria Assunta wird 1120 eingeweiht und im Lauf der Jahrhunderte öfters umgebaut. Gleich neben dem Dom mit der bemerkenswerten Kassettendecke steht das achteckige Baptisterium aus dem 12. Jahrhundert. Sein Taufbecken von Andrea Sansovino ist mit bedeutenden Reliefs verziert. Sie zeigen die vier Tugenden Hoffnung, Treue, Gerechtigkeit und Caritas sowie die Taufe Jesu.
Im Stadtteil Vallebuona sind die gut erhaltenen Reste des römischen Theaters aus der Zeit von Kaiser Augustus zu besichtigen. Unterhalb des herrlich in die Landschaft eingebetteten Theaters, in dem 2000 Menschen sitzen konnten, liegen die großzügig angelegten Thermen aus dem 4. Jahrhundert n. Chr.

Weltberühmte Ombra della Sera

Im archäologischen Museum Guarnacci im Palazzo Desideri Tangassi sind die bedeutendsten Funde der Vergangenheit ausgestellt. Ascheurnen aus Tuffstein, Alabaster und Bronze sind Teil einer bedeutenden Sammlung. Zu ihr gehört auch die *Urna degli Sposi*, die »Urne der Brautleute«, auf der ein Paar beim Festmahl abgebildet ist. Das berühmteste Kunstwerk des Museums ist jedoch die Bronzefigur *Ombra della Sera*: Der »Schatten des Abends«, ein 2300 Jahre altes Meisterwerk aus hellenistischer Zeit. Die einzigartige Form der schlanken, 573 Millimeter hohen Figur besticht durch ihre modern anmutende Eleganz.

ZENTRUM DER ALABASTERVERARBEITUNG

In Volterra steht schon zur Zeit der Etrusker die Alabasterverarbeitung im Mittelpunkt. Die Alabaster-Steinbrüche spielen dann wieder im Mittelalter bis ins 15. Jahrhundert hinein eine wichtige Rolle. Alabaster ist ein begehrter Rohstoff für Skulpturen, Schmuck und kunstgewerbliche Objekte. Ende des 18. Jahrhunderts gründet Marcello Inghirami Fei ein Laboratorium und eine Schule für die Verarbeitung des kostbaren Minerals, seit 1926 besteht die heutige staatliche Kunstschule. Gemeinsam mit Castellina Marittima und Santa Luce unterhält man in Volterra das Ecomuseo dell'Alabastro, in Castellina Marittima wird der Abbau vor Ort gezeigt. Das Alabastermuseum von Volterra ist in den Stadttürmen Torri Minacci aus dem 12. Jahrhundert untergebracht und dokumentiert auf sehr anschauliche Art und Weise die Geschichte und Verarbeitung des Alabasters. Ergänzt wird die Ausstellung durch wertvolle Kunstgegenstände aus Alabaster von der Antike bis heute.

WEITERE INFORMATIONEN

www.comune.volterra.pi.it
www.volterra-toscana.net

Der 77 Meter hohe Glockenturm des Duomo dell'Assunta wird um 1313 vollendet (oben); Siena mit seinem beeindruckenden Duomo und dem Campanile (rechts unten); im Museo dell'Opera del Duomo di Siena: die Originalskulpturen der Domfassade von Giovanni Pisano (rechts oben).

17 Siena – Meisterwerk der Gotik

Zeugnisse einer ruhmreichen Epoche

Der Duomo dell'Assunta ist ein einmaliges Meisterwerk der toskanischen Gotik. Einzigartig ist nicht nur sein gänzlich mit Marmormosaiken gestalteter Fußboden. Die angrenzende Piccolomini-Bibliothek überrascht mit den berühmten Fresken von Pinturicchio über das Leben von Papst Pius II. Auch das gegenüberliegende, tausend Jahre alte Spedale di S. Maria della Scala lohnt einen Besuch.

Beim römischen Historiker Tacitus finden wir in dessen *Historiae* um 70 n. Chr. die ersten schriftlichen Zeugnisse über Siena: Der Senator Manilo Patruito wird während eines offiziellen Besuchs in der Militärkolonie Saena Iulia verspottet und gedemütigt. Der römische Senat bestraft die Übeltäter und ruft die Sieneser zu mehr Respekt gegenüber der Obrigkeit auf.

Beinahe tausend Jahre vergehen, bis Siena zu seiner wahren Größe und neben Florenz zur wichtigsten Macht der Toskana heranwächst. Berühmt wird die Stadt aber nicht nur aufgrund ihrer politischen Macht: Siena zählt kulturell und künstlerisch zu den führenden Zentren der Epoche. In der Architektur drückt die Stadt der Gotik ihren Stempel auf, und die neue Sieneser Schule der Malerei prägt das 13. und 14. Jahrhundert mit ihren Meisterwerken. Das Trauma über den Verlust der Unabhängigkeit und die Unterwerfung unter Florenz im Jahr 1555 bindet die Sieneser noch mehr als zuvor an ihre Traditionen und Bräuche.

Ein einmaliges Schauspiel

Am 18. November 1179 weiht der aus Siena stammende Papst Alexander III. auf den Grundmauern einer Vorgängerkirche den Grundstein für den Dom von Siena zu Ehren der *Santa Assunta*, der Heiligen Jungfrau. Um 1264 sind die wichtigsten Bauarbeiten abgeschlossen, und die Arbeiten für den 77 Meter hohen Glockenturm werden um 1313 vollendet. Siena will aber mehr: Der Dom soll noch größer und mächtiger werden. Die Reste des unvollendeten Baus aus dem 14. Jahrhundert legen heute Zeugnis von der Großartigkeit des Plans für den *Duomo Nuovo*, den »Neuen Dom«, ab. Die neue Kirche hätte den bestehenden Dom um das Doppelte überragt. Doch nicht nur die Pest von 1348 setzt dem Bauvorhaben ein jähes Ende. Statische Fehler, politische Intrigen und vor allem die fehlende Finanzierung in einem Siena, dessen Glanzzeiten dem Ende zugehen, sind wohl ausschlaggebend dafür.

Doch auch das Bauwerk, das wir heute auf dem Domplatz bestaunen können,

bietet mehr als ein einmaliges Schauspiel. Ganz in weißem Marmor, mit etwas Rosso di Siena und Schwarzgrün aus Prato, präsentiert sich die beeindruckende Fassade dem Besucher, schwarzweiß gestreift, ganz in den Farben Sienas, der freistehende Campanile. An der mit Säulen und Statuen dekorierten Westfront laden drei große Portale mit spitzen Dreiecksgiebeln im Stil der toskanischen Gotik zum Eintritt in das Gotteshaus ein. Die Glasmalereien von 1288 im großen Rosettenfenster des Mittelschiffs zählen zu den ältesten erhaltenen Glasmalereien Italiens.

Einfach nur staunen

Aus dem Staunen kommen wir auch im Innern der dreischiffigen Basilika mit dem mehrschiffigen Querhaus und dem anschließenden Chor kaum heraus. Die schwarz-weißen Streifen des Campanile setzen sich hier in den Säulen, Bögen und Arkaden noch viel markanter fort. Die Gewölbe des Mittelschiffs und der Kuppel sind blau bemalt und mit goldenen Sternen verziert. Einzigartig ist vor allem der kunstvoll gestaltete Mosaikfußboden: Die 56 Paneele, die den gesamten Fußboden des Doms mit gravierten Marmorplatten und Intarsien schmücken, wurden im 14. bis 16. Jahrhundert unter Mitwirkung von 40 Künstlern gestaltet. Biblische Themen sowie Allegorien aus der Antike zu Weisheit und Tugend stehen dabei im Mittelpunkt. Die schönsten Darstellungen mit Szenen aus dem Alten Testament finden wir unter der Kuppel. Leider ist ein großer Teil des Mosaikbodens aus Sicherheitsgründen abgedeckt und nur einige Wochen im Jahr zu sehen.

Die auf neun Säulen stehende achteckige Kanzel schnitt Niccolò Pisano zwischen 1265 und 1268 aus Carrara-Marmor. Bekannt ist die Galerie der Päpste: Rund um die Kirche, über der Höhe der Seitenschiffarkaden, finden wir die Büsten von 172 Päpsten, vom Heiligen Petrus bis zum 1185 verstorbenen Lucius III.

EIN SPAZIERGANG DURCH SIENA

Neben Florenz und Pisa ist Siena die wichtigste Kunststadt der Toskana. Der Dom, die Piazza del Campo und der Palazzo Pubblico sind die bekanntesten der vielen lohnenden Ziele. Bei einer erweiterten Stadtbesichtigung lohnt unter anderem der Weg zur Kirche San Domenico aus dem 13. Jahrhundert. Hier sind die Reliquien der Heiligen Katharina von Siena, der Schutzpatronin Italiens und Europas aufbewahrt. An der Piazza Salimbeni steht der herrliche Palast der 1472 gegründeten Monte dei Paschi di Siena, dem ältesten Bankinstitut Europas. Über die Via di Città, die eleganteste Straße Sienas, gelangt man zum Campo und zum Dom. An der Straße residiert die international berühmte Musikakademie im Chigi-Saracini-Palast. Der festungsartige Palazzo Tolomei aus dem Jahr 1205 ist der älteste Palast der Stadt. Die Pinacoteca Nazionale beherbergt die großen Meisterwerke der Schule von Siena. Vergessen Sie nicht, in einer der vielen Bäckereien der Stadt einzukehren und das typische *panforte* zu kosten, ein Gebäck aus Trockenfrüchten, Nüssen, Mandeln und Gewürzen.

WEITERE INFORMATIONEN

www.terresiena.it
www.sienaonline.it

Die Piazza del Campo mit ihrem außerordentlichen Flair zählt zu den schönsten Plätzen Italiens (oben); die Sala del Mappamondo, der »Saal der Landkarten« im Palazzo Pubblico (unten); städtisches Treiben in der Via Banchi di Sopra (rechts); auf der Treppe zum Dom von Siena (rechte Seite unten); spannende Wettkämpfe beim Palio (rechte Seite oben).

18 Siena – auf dem schönen Feld

Palazzo Pubblico und Piazza del Campo

Sienas Herz schlägt an der Piazza del Campo – am Campo, dem »Feld«, wie die Sieneser ihren Hauptplatz liebevoll nennen. Mit seinem außerordentlichen Flair zählt er zu den schönsten Plätzen Italiens. Hier findet zweimal im Jahr Sienas wichtigste Veranstaltung statt: der Palio, das berühmte Pferderennen. Am Platz steht auch der Palazzo Pubblico oder Comunale – das Rathaus birgt herrliche Kunstschätze.

Die Geschichte Sienas zieht sich im wahrsten Sinn des Wortes durch und über den Campo. Erstmals erwähnt wird der »Campus Sancti Pauli« oder »Campus Fori« in Dokumenten aus den Jahren 1169 und 1193. Unmittelbar an dem großen Feld, das die drei Stadtteile miteinander verbindet, zieht im Mittelalter die wichtige Via Francigena vorbei.

Hier hält Siena seine Märkte, Messen und Feste ab. Hier dominieren Handel und weltliche Macht. Die kirchliche Vorherrschaft bleibt auf den Dom und den Platz davor beschränkt. Im 12. und 13. Jahrhundert nimmt der Platz allmählich die heutige Form an. Die roten, im Fischgrätenmuster verlegten Ziegelsteine werden durch einen vom Palazzo Pubblico ausgehenden Strahlenkranz aus weißen Travertinstreifen in neun Segmente aufgeteilt – in Erinnerung an die »Regierung der Neun«, die von 1292 bis 1355 die Geschicke der Stadt leitet.

Am oberen Ende des muschelförmig und leicht abfallend angelegten Campo thront die Fonte Gaia aus weißem Carrara-Marmor. Den im Jahr 1419 von Jacopo della Quercia gestalteten »Brunnen der Freude« speist eine 30 Kilometer lange unterirdische Leitung. Die große *gioia*, die Freude der Bevölkerung über den ersten Brunnen, der das kostbare Nass in die von ständigem Wassermangel geplagte Stadt bringt, ist für die Namensgebung verantwortlich.

Altehrwürdige, gotische Palazzi der einflussreichsten und mächtigsten Adelsfamilien Sienas formen im Halbkreis die herrliche Kulisse des Campo: Piccolomini, Chigi-Zondadari, Sansedoni, Mercanzia, Costarella dei Barbieri, Elci degli Alessi. Über die Jahrhunderte hinweg haben strenge Bauvorschriften die einzigartige Harmonie des gesamten Ensembles bewahrt. Heute laden hier Restaurants und Cafés zum Genießen ein.

Symbol der bürgerlichen Freiheit

Das untere Ende des Platzes wird vom imposanten Palazzo Pubblico beherrscht. Dessen Lage ist ungewöhnlich, stehen die wichtigsten Bauten normalerweise doch immer an der höchsten Stelle. Das Konkurrenzdenken unter den einzelnen Stadtvierteln ist sicher mit ausschlaggebend für die Wahl der eher neutralen Lage. Dafür überragt die schlanke, elegante Torre del Mangia die Piazza um 102 Meter und prägt das Stadtbild. Wer die Mühe nicht scheut und den Turm besteigt, wird mit einem atemberaubenden Rundblick belohnt.

Meisterwerke der Kunst

1297 beginnt die »Regierung der Neun« mit dem Bau des neuen Rathauses. Natursteine mit den charakteristischen Sieneser Bögen prägen den unteren Teil, Ziegelmauerwerk mit spitzen Dreibogenfenstern die oberen Geschosse des vorerst dreistöckigen Palastes, der um 1680 in seiner heutigen Form erweitert wird. Am Eingang des Palastes wird 1376 als Dank für das überstandene Pestjahr 1348 die kleine Cappella di Piazza eingeweiht. Im Palazzo Pubblico befindet sich das Stadtmuseum mit seinen wundervoll gestalteten Sälen, berühmten Fresken und wertvollen Schätzen. Die Sala del Mappamondo, der »Saal der Landkarten«, fasziniert mit einer gemalten Weltkarte von Ambrogio Lorenzetti und dem ältesten Fresko von Siena, der um 1315 entstandenen, thronenden Madonna *Maestá* von Simone Martini. Im »Saal des Friedens« oder »Saal der Neun« ist der von Ambrogio Lorenzetti zwischen 1337 und 1339 gemalte Freskenzyklus der *Allegorie der guten und der schlechten Regierung* zu bewundern. Das Kunstwerk ist zugleich ein politisches Manifest: Sicherheit und Wohlstand sind das Ergebnis von Harmonie und Gleichgewicht zwischen Stadt und Land, zwischen Mensch und Natur. Eine weise Vorschrift legt bereits im 14. Jahrhundert fest, dass »diejenigen ihres Amtes zu entheben sind, die keine sauberen Hände haben«.

DER PALIO VON SIENA

Bis ins 12. Jahrhundert zurück reicht die Tradition des Pferderennens *Palio*. Zweimal im Jahr riskieren die Sieneser Kopf und Kragen: am 2. Juli zu Ehren der Madonna di Provenzano und am 16. August mit dem Palio d'Assunta zu Ehren von Mariä Himmelfahrt. Am Morgen der Wettkämpfe feiert der Erzbischof in der Cappella di Piazza eine Messe für die Reiter. Dann folgt der historische Umzug, die *Passegiata storica*, durch die Straßen der Altstadt. Und schließlich beginnt der mit Spannung erwartete Wettkampf. Dann kocht im wahrsten Sinn des Wortes die Volksseele. Bei diesem rauen, harten, schnellen Turnier auf dem Campo geht es den teilnehmenden 17 Contrade (Stadtteilen) einzig und allein um den Sieg. Der Palio ist kein Wettkampf für die Touristen, er ist in Siena das kulturelle Ereignis schlechthin. Hier geht es um Tradition und Ehre, und der Sieg wird entsprechend gefeiert. Der Preis ist ein symbolischer: Das Palio (von *pallium*, »Tuch«) ist ein kunstvoll bemaltes Tuch, das von den Siegern wie ein Heiligtum verehrt wird. Bis zum nächsten Wettkampf.

WEITERE INFORMATIONEN

www.terresiena.it

www.sienaonline.it

www.ilpalio.org

Blick auf die großartige Piazza del Campo, den Campo, wie die Sieneser ihren Hauptplatz liebevoll nennen – im Hintergrund links Dom und Campanile.

Faszination Crete mit bezaubernder Bilderbuchlandschaft: endlose Getreide- und Sonnenblumenfelder, Äcker und Wiesen in allen Farbtönen … (oben und unten); das Kloster Monte Oliveto Maggiore am Rande der Crete (rechts unten); der Duft von Trüffeln (rechts oben).

19 Die Crete und Monte Oliveto Maggiore – goldbraune Schönheit

Wie aus dem Bilderbuch

Wenn der Reichtum einer Gegend von der Anzahl der gedruckten Postkarten und vor Ort gedrehten Werbespots abhängen würde, dann zählten die Crete Senesi sicher zu den reichsten Plätzen der Welt. Nicht nur Fotografen, Kameraleute und Künstler sind von der einmaligen Landschaft fasziniert und bleiben mit staunend aufgerissenen Augen stehen.

Zerklüftet und gewellt zwischen Furchen, den Calanchi, und sanften Hügeln, den Biancane, öffnet sich der Landstrich südlich von Siena wie eine verzauberte Mondlandschaft. Stolz und schillernd, mit einer unvergleichlichen Harmonie, je nach Jahreszeit, aus ockerfarbenen, braunen, violetten oder goldgelben Tönen verkörpern die Crete den Inbegriff einer toskanischen Landschaft. *Creta* ist die Tonerde, die hier durch Verwitterung und Erosion aus dem ehemaligen Meeresboden die heutige Landschaft geformt hat. Endlose Getreide- und Sonnenblumenfelder, Äcker und Wiesen mit weidenden Schafherden, Zypressenalleen und alte Bauernhöfe, kahle Lehmhügel und trockene Erosionslandschaft prägen das Bild – nicht Weinberge, Olivenhaine und dichte Eichenwälder wie im Rest der Toskana.

Magische Augenblicke

Die Landschaft nimmt einen sofort in Beschlag. Karg und beinahe geizig auf der einen Seite, ändert sie immer wieder ihr Gesicht und wird bisweilen im Wechsel der Töne und Farben sogar weich und lieblich. Die Winter sind hier kalt, grau und rau. Das Frühjahr hingegen besticht mit einer bunten Vielzahl von Farben, frisch und wärmend und voller Leben, bis hinein in den Sommer, der mit Hitze und Trockenheit die Äcker und Felder in eine goldbraune Steppenlandschaft verwandelt. Der Herbst wartet dann wieder mit bunten Farbtupfern und herrlichen Lichtspielen auf, bevor sich allmählich wieder das Jahr zu Ende neigt.
Die Crete breiten sich an der Grenze zwischen den Provinzen Siena und Arezzo bis hin zum Monte Amiata aus und umfassen die Städte Asciano, Buonconvento, Monteroni d'Arbia, Rapolano Terme, San Giovanni d'Asso und Siena. Asciano ist das Zentrum der Crete. Hier liegt auch der Deserto di Accona, die Accona-Wüste. Mit nur 600 Millilitern Niederschlag pro Jahr zählt sie zu den trockensten Gebieten Italiens.

Das Kloster Monte Oliveto Maggiore

Der Rechtsgelehrte Bernardo Tolomei, Angehöriger einer bedeutenden Familie

aus Siena, zieht sich im Jahr 1313 in die Gegend zurück und gründet gemeinsam mit zwei Gleichgesinnten das Kloster Monte Oliveto Maggiore. 1344 wird der neue Orden vom Papst bestätigt. 1348 allerdings sterben der Klostergründer Bernardo und rund 80 seiner Mitbrüder an der Pest.
Die Klosteranlage, einsam auf einer mit Zypressen bewachsenen Hochebene am Rande der Crete gelegen, wird zwischen 1387 und 1514 errichtet und entwickelt sich schon bald zu einem der wichtigsten und größten Klöster der Zeit. Im 15. Jahrhundert wird die eindrucksvolle Klosterkirche im klassischen Stil der großen Benediktinerabteien gebaut. Das prachtvolle und mit Einlegearbeiten verzierte Chorgestühl ist ein besonderes Meisterwerk. Luca Signorelli und Giovanni Antonio Bazi, genannt Sodoma, gestalten im berühmten Kreuzgang einen herrlichen Freskenzyklus mit der Geschichte des heiligen Benedikts von Nursia. Die 36 wandhohen Fresken zählen zu den schönsten der Renaissance. Bei der Klosterbesichtigung stechen das Refektorium und die großartige Bibliothek hervor, ebenso die großzügig angelegten Parkanlagen rund um das Kloster.
Die Abtei ist nach wie vor Sitz des Generalabtes der Olivetaner, eines Zweigordens der Benediktiner. Hier ist auch das Istituto di restauro del libro untergebracht, eine berühmte Werkstatt für die Restaurierung von Pergamenten und alten Büchern. Zum landwirtschaftlichen Betrieb des Klosters gehören heute noch 850 Hektar, die zur einen Hälfte Wald, Weide und unbebautes Land umfassen, zur anderen Hälfte Olivenhaine, Weinberge und Getreidefelder.

DAS TRÜFFELMUSEUM VON SAN GIOVANNI D'ASSO

Etwas südlich des Klosters Monte Oliveto Maggiore erwartet das idyllische San Giovanni d'Asso seine Besucher mit einer imponierenden mittelalterlichen Burganlage aus dem 12. Jahrhundert. Sie ist Sitz des ersten italienischen Trüffel-Museums. Das »Museum der Sinne« gibt auf 250 Quadratmetern interessante Einblicke in die Welt der köstlichen Knolle und lädt zu einer Reise ins buchstäbliche Zentrum des Pilzes ein: Im Museum steht eine gigantische künstliche Trüffel. »Jetzt können auch die Augen kosten, was normalerweise nur dem Gaumen zusteht«, schreiben die Kuratoren. Wer Zeit hat, dem empfehlen wir nach dem Besuch im Trüffelmuseum eine Wanderung zum Bosco della Ragnaia nach Chiusure. Von dem Grenzposten, der im 13. Jahrhundert von Siena errichtet wurde, hat man einen herrlichen Ausblick über die Crete und das Kloster Monte Oliveto Maggiore.

WEITERE INFORMATIONEN

www.cretesenesi.com
www.monteolivetomaggiore.it
www.museodeltartufo.it

Morgenstimmung in den Crete:
die Landschaft nimmt einen sofort
in Beschlag.

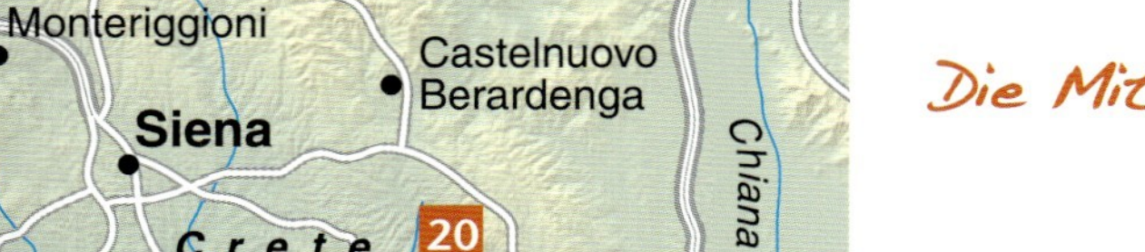

In den lieblichen Gassen von Asciano (oben); Chef Walter Redarelli vor seinem Restaurant in Sinalunga bei Siena (unten).

20 Asciano – die liebenswerte Stadt

Paese del Garbo

Während der Schlacht von Montaperti im Jahr 1260 erhält Asciano von Siena den Beinamen Paese del Garbo – »liebenswerte Stadt«. Obwohl die Truppen aus Florenz ihr Lager in Asciano errichtet haben, schlagen sich die Ascianesi auf die Seite von Siena.

Asciano, eine Gemeinde mit 7000 Einwohnern, liegt 25 Kilometer südöstlich von Siena im Herzen der Crete Senesi zwischen den Colli del Lecceto und dem oberen Tal des Flusses Ombrone. Im Gebiet siedeln schon Etrusker ab dem 5. Jahrhundert v. Chr., wie die Nekropolen von Poggio Pinci und den Grabhügeln von Molinello beweisen.
Um die Entstehung von Asciano rankt sich natürlich auch eine Legende: Die beiden Söhne des ermordeten Remus, Senius und Ascanius, fliehen aus dem eben gegründeten Rom, in dem ihr Onkel Romulus herrscht. Während sich Senius am Fluss Tressa ansiedelt, lässt sich Ascanius am Fluss Ombrone nieder und gründet unter anderen auch die Stadt Asciano, die Stadt des Ascanius.

Lebendiges Mittelalter

In der Zeit des Römerreichs errichten die Domizi im *fundus axianus* ein kleines Thermalbad neben den Wasserfällen della Lama. Im Schatten dieser Patriziervilla wächst die Ortschaft heran. Während der Epoche der Langobarden wird auf der Erhebung, auf der heute die Kirche des Heiligen Franziskus steht, eine Burganlage erbaut. Zwischen 1342 und 1352 befestigt Siena das Castello di Asciano sowie die Stadt mit neuen Mauern und Wehrtürmen. 1454 fällt der Ort dem Herzogtum Toskana zu.
Trotz der jüngsten Entwicklung und Ausdehnung der Stadt hat das historische Zentrum von Asciano seine lebendige, mittelalterliche Struktur erhalten und sein malerisches Aussehen bewahrt.
Einen Besuch lohnen die Basilika di Santa'Agata aus dem 11. Jahrhundert sowie die Kirche San Francesco aus dem 13. Jahrhundert, der Palazzo del Podestà und die Brücke Ponte Garbo.
Mit Asciano verbindet sich eine weitere kleine Anekdote: Dante Alighieri erzählt im Inferno seiner *Göttlichen Komödie* von einem Caccia d'Asciano, der sein Vermögen innerhalb kürzester Zeit verschleudert. Caccia lässt seine Speisen mit Goldmünzen als Dekoration zubereiten, die er beim Essen gleich Olivenkernen ausspuckt.

INFORMATIONEN:
www.comune.asciano.siena.it

21 Antico Borgo di Torri – im Schatten des Klosters

Ein faszinierender Kreuzgang

Imposant und beinahe tausend Jahre alt ist die Klosteranlage des kleinen, geschichtsträchtigen Ortes Torri im Hügelland 15 Kilometer südlich von Siena. Wie fast überall in der Region hat auch diesen Weiler das Mittelalter geformt und geprägt.

Die ältesten Spuren der mächtigen Abtei der Vallombrosaner, der 1039 von Giovanni Gualberto gegründeten Eremitengemeinschaft, gehen zurück auf das Jahr 1069. Das Herz der Anlage ist der beeindruckende Kreuzgang Chiostro di Torri. Der quadratisch angelegte Kreuzgang gliedert sich in drei übereinandergebaute Arkadengänge. Romanik und Gotik verbinden sich hier in eleganter Art und Weise. Der älteste und erste Teil geht zurück auf das Jahr 1189 und ist mit weißem, rotem und schwarz-grünem Marmor ausgestaltet. Jede einzelne Säule ist verschieden gearbeitet und reich verziert. Die Bögen sind abwechselnd in weißem und schwarzem Travertin geformt. Die beiden weiteren Loggien kommen im 13. und 14. Jahrhundert hinzu. Die mittlere ist aus Tonziegeln errichtet, die letzte aus Holz gebaut. Seine Glanzzeit erlebt das Kloster im 13. Jahrhundert. Dann geht es langsam bergab. 1446 stirbt der letzte offizielle Abt, Ende des 15. Jahrhunderts geht die Anlage in den Besitz der einflussreichen Familie Piccolomini über, die das Kloster in einen stattlichen Wohnsitz umgestaltet. Die Klosterkirche wird zur Pfarrkirche der Heiligen Dreifaltigkeit und der Santa Mustiola umfunktioniert.

Mittelalterlicher Charme

Das Dorf Torri entsteht im Umkreis der Klosteranlage und strahlt noch heute seinen intakten mittelalterlichen Charme aus. Vom nahen Fluss Merse aus führt eine lange Zypressenallee bis zum Stadttor. Torri selbst ist in der unberührten Natur der Umgebung verwurzelt und lässt seine Geschichte auf Schritt und Tritt greifen und fühlen. Am Hauptplatz erinnert noch der große Backofen an vergangene Zeiten: Hier wurde jahrhundertelang für die gesamte Dorfgemeinschaft das Brot gebacken.
In der unmittelbaren Umgebung lohnt sich ein Besuch der Ruinen der ehemaligen Einsiedelei Rosia nahe der mittelalterlichen Brücke della Pia. Die Einsiedelei des Augustinerordens diente ab 1225 als Herberge für die vielen vorbeiziehenden Pilger.

INFORMATIONEN:
www.comune.sovicille.siena.it

Das kleine Dorf Torri mit seinem intakten mittelalterlichen Charme (oben) und dem beeindruckenden Kreuzgang Chiostro di Torri (unten).

22 Abbazia San Galgano – zwischen Himmel und Erde

Eine bestrickende Ruine

Die Klosterruine San Galgano zählt zu den meistbesuchten mittelalterlichen Kultstätten der Toskana. Einmalig ist der grüne – im Frühling mit Gras bewachsene – Boden der Kirche, bezaubernd der klare Sternenhimmel, der nachts als Gewölbe die Kirchenmauern überspannt. Der Ort strahlt eine unvergleichbare Harmonie und Einheit zwischen Himmel, alten Steinmauern und Erde aus.

Der heilige Galgano, mit bürgerlichem Namen Galgano Guidotti, erblickt 1148 in Chiusdino als Spross eines kleinen Adelsgeschlechts das Licht der Welt. Als junger Ritter genießt er die angenehmen Seiten des Lebens ausschweifend und in vollen Zügen. Bis sich eines Tages – man bemerke die Parallelen zum Leben des Heiligen Franziskus – sein Leben ganz plötzlich auf den Kopf stellt. Auf einer Reise erscheint ihm der Erzengel Michael und lädt ihn ein, ihm auf den Monte Siepi zu folgen. Dort trifft Galgano die zwölf Apostel und den Schöpfer. Ausschlaggebend ist aber erst eine zweite Reise am Weihnachtstag 1180. Galganos Pferd will nicht mehr in die gewünschte Richtung weitermarschieren und sucht sich von allein den Weg zum Monte Siepi. Jetzt gibt es für ihn keinen Zweifel mehr: An diesem heiligen Ort wird er sein Leben lang als Einsiedler bleiben. Als er kein Holz für ein Kreuz findet, rammt Galgano sein Schwert in den Boden. Dessen Griff wird zu seinem Kreuz, und sein Mantel wird zu seiner Kutte. Vier Jahre nach seinem Tod am 3. Dezember 1181 wird Galgano von Papst Lucius III. heiliggesprochen.

Die Einsiedelei von Montesiepi

Zwischen 1182 und 1185 errichten Gläubige vor Ort die Einsiedelei von Montesiepi rund um die kreisförmige Rotonda di San Galgano. Das romanische Mausoleum mit dem Grab des Heiligen und dem Felsen mit seinem Schwert ist ein für die damalige Zeit einmaliges Bauwerk, dessen Form vom Pantheon in Rom inspiriert ist. Aus Platzgründen und angeregt vom Bischof von Volterra, entschließen sich die Zisterziensermönche 1218, eine neue Abtei zu erbauen. Um 1230 ist bereits ein großer Teil der neuen Klosteranlage bezugsfertig. Die Mönche von San Galgano machen – dank ihrer großen und in kurzer Zeit angesammelten Besitztümer – aus ihrem Kloster schon bald eines der wichtigsten wirtschaftlichen und kulturellen Zentren der Gegend.

Beeindruckende Ruine der Zisterzienserabtei Abbazia San Galgano – eine der meistbesuchten mittelalterlichen Kultstätten der Toskana (oben und unten); Galgano rammt sein Schwert in den Boden: Dessen Griff wird zu seinem Kreuz (rechts oben); die Abtei verfällt ab dem 15. Jahrhundert zusehends und wird zu einer großen Steinwüste (rechts unten).

Einfluss und Macht

Die Republik Siena knüpft enge Kontakte mit der Abtei und ernennt 1257 Abt Ugo zum Kämmerer der Republik, zum Verantwortlichen der Staatsfinanzen. Dieses Amt üben auch seine Nachfolger aus. Die Abtei selbst wird mit dem Bau einer Wasserleitung vom nahen Fluss Merse nach Siena beauftragt und mit der Trockenlegung der Sümpfe in der Umgebung. Darüber hinaus werden Mühlen errichtet, um die Wasserkraft zu nutzen. Auch beim Bau der Kathedrale von Siena legen die Mönche von San Galgano als Erste mit Hand an.
Ab dem 14. Jahrhundert wendet sich aber das Blatt. Die Hungersnot von 1328 und die Pest von 1348 treffen das Kloster hart. Die Anlage wird mehrmals geplündert. 1474 errichten die Mönche in Siena den Palazzo di San Galgano und übersiedeln in die Hauptstadt. Die Abtei verfällt ab dem 15. Jahrhundert zusehends und wird zu einer großen Steinwüste.

Reduktion auf das Wesentliche

1926 beginnen die Restaurierungsarbeiten dieses einmaligen Bauwerks mit dem Ziel, die bestehende Bausubstanz zu konservieren und abzusichern. Beeindruckend erheben sich heute die nackten Außenmauern der Klosterkirche in den Himmel. Das Gebäude ist nach dem klassischen Kanon der Zisterzienserabteien errichtet – an einer der wichtigen Fernstraßen der Epoche (die Via Maremmana), in der Nähe eines Flusses (Merse) und inmitten unberührter Landschaft – und besticht durch seine schlichte Eleganz. Beeindruckend ist die klassische, geometrisch-gotische Architekturführung mit lateinischem Kreuz und dreischiffigem Hauptgebäude. Die Abtei von Chartres gehört neben den ägyptischen Tempeln von Echnaton vermutlich zu den architektonischen Vorbildern. Der zum Teil nachgebaute Kreuzgang und der beeindruckende Kapitelsaal lassen erahnen, was sich in diesem Zentrum geistiger und weltlicher Macht abgespielt hat.

DIE KRAFT DES MYSTERIUMS

Die Abtei San Galgano und die Einsiedelei von Montesiepi liegen im beschaulichen Tal des Flusses Merse zwischen den mittelalterlichen Dörfern Chiusdino und Monticiano und sind über die Schnellstraße Florenz – Siena leicht erreichbar. Es ist ein wahrlich beeindruckendes Erlebnis, wenn man plötzlich vor der imposanten, in den Himmel ragenden Kirchenruine steht. Wer in diesen Kraftort voller Energie eintritt, verspürt sicher einen Hauch des Mysteriums, der ihn umgibt. Ein besonderer Tipp: Bei einem nächtlichen Besuch kann in der Kirche die geballte Kraft und Mystik des Ortes unter freiem Sternenhimmel noch viel intensiver erlebt werden. Das Kloster ist aus diesem Grund an besonderen Tagen bis 23 Uhr geöffnet – vor allem bei den diversen Konzerten und Veranstaltungen, die hier angeboten werden. Alljährlich am 21. Juni lädt noch ein einmaliges Ereignis in den Eremo di Montesiepi: Bei Sonnenaufgang dringt ein Sonnenstrahl durch das einbogige Fenster hinter der Apsis des Mausoleums und wandert vom rostigen Schwertknauf über das Grab des heiligen Galgano.

WEITERE INFORMATIONEN

www.sangalgano.org
www.sangalgano.info
www.prolocochiusdino.it

Beste Brunello-Lagen in den Banfi-Weingütern rund um Castello di Poggio alle Mura (oben); stilvoll werden in Montalcino die hochdotierten Tropfen serviert (unten); Blick von der Fortezza auf die Weinhochburg Montalcino (rechts oben); ein besonderes Erlebnis: eine Fahrt mit dem Oldtimer (rechts unten).

23 Montalcino und Sant'Antimo – im Reich des Brunello

Die Hochburg des Weines

Auch wenn der 500-Seelen-Ort Montalcino südlich von Siena mit etruskischen Wurzeln und einer Geschichte aufwarten kann, die mit vielen Hochs und Tiefs jener der meisten anderen Städte in der Toskana ähnelt: Seine Berühmtheit verdankt er mit Sicherheit seinem Wein. International glänzt sein Name durch den legendären »Brunello di Montalcino«.

Dass Montalcino hervorragende Lagen für den Qualitätsweinbau vorweisen kann, ist spätestens seit dem Mittelalter bekannt. Der Dominikanermönch Leandro Alberti schreibt in seiner 1550 in Bologna veröffentlichten *Descrittione di tutta Italia*, dass die Stadt »sehr häufig wegen ihrer guten Weine erwähnt wird, die auf ihren lieblichen Hügeln wachsen«. Bartolomeo Gherardini, Richter des Großherzogtums, berichtet von seinem Besuch in Montalcino in den Jahren 1676 und 1677 von der Produktion von einem *»vino gagliardo, non però in gran quantità«*, also von »einem kräftigen Wein, leider nur in geringen Mengen«. Und um 1750 wird erzählt, dass »Montalcino nicht recht bekannt und berühmt ist, außer für die Güte seiner Weine«.

Der Brunello di Montalcino

Die Bezeichnung »Brunello« taucht erstmals um die Mitte des 19. Jahrhunderts auf und ist eng mit der Familie Biondi-Santi verknüpft. Gekeltert wird der Wein aus der Sangiovese-Traube, die in der Gegend von Montalcino auch Sangiovese Grosso oder wegen der intensiv dunklen Farbe ihrer Beeren »Brunello« genannt wird. Clemente Santi ist der eigentliche Vater des Brunello. 1865 keltert er entgegen der örtlichen Tradition seine Sangiovese-Trauben sortenrein als Brunello ein und erhält dafür bei der Landwirtschaftsmesse 1869 prompt eine Silbermedaille. Das ist die Geburtsstunde des Brunello di Montalcino. Clemente Santis Neffe Ferruccio Biondi-Santi züchtet auf seinem Gut Il Greppo eigene Klone der Rebsorte. Weitere adelige Weinbaufamilien von Montalcino, wie die Costanti, Alassi oder Anghirelli, folgen dem Beispiel. Der Wein bleibt aber über Jahrzehnte nur ein exklusives Nischenprodukt für wenige Liebhaber.
Der richtige Durchstart gelingt dem »Brunello« erst 1966 mit der Einführung der geschützten Ursprungsbezeichnung »Denominazione di Origine Controllata«, DOC. Ein Jahr später wird das Consorzio del Vino Brunello di Montalcino gegründet, das sich in erster Linie der Qualitätsproduktion und der Vermarktung verschreibt. Weinberge werden neu

Klosterbrüder im Garten der Abbazia di Sant'Antimo bei Montalcino, einem der beeindruckendsten sakralen Gebäude der Toskana (oben); das Spiel der Sonnenstrahlen und die ansteckende Stille versetzen in eine mystische Welt (unten); eingebettet in eine grüne Ebene ragt die beeindruckende romanische Abtei in den Himmel (rechts unten und rechts oben).

bepflanzt, die Anzahl der Winzer nimmt zu, die Preise steigen. Der edle Brunello aus Montalcino beginnt zu boomen. 1980 erhält der Wein als erster in Italien die »Denominazione di Origine Controllata e Garantita« – die kontrollierte und garantierte Ursprungsbezeichnung DOCG. 1998 werden die Schutzbestimmungen ein letztes Mal abgeändert: Die Mindestdauer für den Ausbau im Fass wird von drei auf zwei Jahre reduziert. Das Anbaugebiet wird über die Grenzen von Montalcino hinaus erweitert. Maßnahmen, die zwar den Gesetzen des Marktes entsprechen mögen, der Qualität des Brunello aber nicht immer förderlich sind. Vom Jahrgang 1980 kommen an die 65 000 Flaschen Brunello auf den Markt. Heute werden im Durchschnitt jährlich rund sieben Millionen Flaschen produziert. 20 Prozent davon werden in die USA exportiert, 14 Prozent nach Deutschland, acht Prozent in die Schweiz. Die etwa 250 Produzenten erwirtschaften mit ihrem Brunello Jahresumsätze um die 130 Millionen Euro. Hinzu kommen drei Millionen Flaschen Rosso di Montalcino sowie eine Million Flaschen der neu geschaffenen Kategorie Sant'Antimo.

Beschauliches Montalcino

Montalcino selbst wird erstmals 814 erwähnt. Das ruhige Städtchen liegt auf einem 564 Meter hohen Hügel und profitiert heute von einem ausgeprägten Weintourismus. Stadtmauern aus dem 13. Jahrhundert umgrenzen den historischen Ortskern mit dem klassizistischen Dom San Salvatore, der Piazza del Popolo und dem Palazzo dei Priori, heute Sitz des Consorzio del Vino Brunello. Die gewaltige Fortezza mit sechseckigem Hauptturm wird um 1360 von den Sienesen erbaut und thront majestätisch am höchsten Punkt der Stadt. In der Enoteca della Fortezza kann eine große Auswahl der Weine von Montalcino verkostet werden.

Die Abbazia di Sant'Antimo

Zehn Kilometer südlich von Montalcino trifft man in Richtung Castelnuovo dell'Abate auf eines der beeindruckendsten sakralen Gebäude der Toskana: die Abbazia di Sant'Antimo. Sie ist ein außerordentliches Zeugnis der romanischen Architektur und des Geisteslebens im Mittelalter. Wie überall rankt sich auch hier eine Legende um die Entstehung der Abtei. Ihr zufolge kommt Karl der Große im Jahr 781 auf dem Rückweg von Rom über die Via Francigena in die Gegend. Um die Pest zu vertreiben, die sein Heer in der Val d'Orcia dezimiert, gelobt der Kaiser, hier ein Kloster zu Ehren der Heiligen Antimus und Sebastian zu erbauen. Sein Nachfolger Ludwig der Fromme überträgt 814 der nunmehr kaiserlichen Abtei des Benediktinerordens neue Grundstücke und Privilegien. 1118 beginnt Abt Guidone mit dem Erlös aus der Erbschaft des Grafen Bernardo degli Ardengheschi mit dem Bau der neuen und einmaligen Kirche, die alles übertreffen soll. Inspiriert von den Benediktinerabteien Vignory in der Champagne und Cluny in Burgund, schaffen französische Künstler von höchstem Rang ein einzigartiges Kunstwerk.

Das gewaltige, aus Travertin errichtete Kirchenschiff kann seine französischen Vorbilder nicht verleugnen. Der Chorumgang mit seinem Kapellenkranz erinnert an Cluny. Das Hauptschiff mit dem offenen Dachgebälk besticht mit seiner

schlanken Höhe von 20 Metern. Das diffuse Licht, das durch das große Biforienfenster fällt, lenkt beim Eintritt den Blick gleich auf den von sechs Säulen umgebenen Hauptaltar mitten im Chor. Hier bestechen eine klare monastische Schlichtheit und eine ausgeprägte ökumenische Atmosphäre. Das Spiel der Sonnenstrahlen auf den Kirchenmauern und Säulen sowie die ansteckende Stille versetzen in eine andere, eine längst vergangene, mystische Welt.
Nach ihrer Gründung steigt die Abtei von Sant'Antimo in kürzester Zeit zu einem der einflussreichsten Zentren der Region auf. Die Äbte regieren über das ganze Gebiet von Montalcino bis hinein in die Maremma, treiben Steuern ein und sitzen als kaiserliche Beamte zu Gericht. Die goldenen Jahre dauern allerdings nicht lange an. Das machthungrige Siena erobert 1200 die Stadt Montalcino und reduziert den Besitz des Klosters allmählich auf ein Fünftel. Der Bau der Kirche kann nicht mehr fertiggestellt werden, die unvollendete Fassade erinnert noch heute daran. Ein allmählicher Niedergang setzt ein, bis 1462 Papst Pius II. Piccolomini die Benediktinerabtei endgültig aufhebt.

Monastische Schlichtheit und ökumenische Aufgeschlossenheit

Erst 1979 zieht nach über 500 Jahren wieder religiöses Leben in die alten Mauern ein. Französische Augustinermönche lassen sich hier nieder. Die umfangreichen Restaurierungsarbeiten werden 1992 abgeschlossen, während Franco Zeffirelli hier Szenen für seinen Kultfilm *Bruder Sonne, Schwester Mond* über Franz von Assisi dreht. Die kleine Ordensgemeinschaft orientiert sich am Vorbild der Prämonstratenser-Chorherren. Sie ist heute vor allem in den Bereichen der Familien- und Jugendpastoral aktiv und lädt zu den verschiedensten religiösen Veranstaltungen und Feiern ein.

ZU FUSS VON MONTALCINO NACH SANT'ANTIMO

Zu einem Erlebnis wird eine Wanderung von Montalcino nach Sant'Antimo. Auf der Einladung der Klostergemeinschaft steht: »Auch wenn die Menschen nicht alle dieselbe Sprache sprechen, so gehen doch alle zu Fuß. Zu Fuß gehen ist eine allen Menschen gemeinsame Sprache.« Zehn Kilometer lang geht es durch Weinberge, Olivenhaine und Wälder leicht abwärts in Richtung Civitella und Villa a Tolli gen Castelnuovo dell'Abate. Unvermittelt taucht das großartige Bauwerk vor einem auf. Eingebettet in eine grüne Ebene ragt die beeindruckende romanische Abtei in den Himmel. In dieser traumhaften, energiegeladenen Umgebung findet jeder Zeit zum Verschnaufen, zum Abschalten, zum Ausruhen und Auftanken.
Die Kirche von Sant'Antimo ist von 10.15 bis 12.30 Uhr und von 15–18.30 Uhr geöffnet. Sieben Mal am Tag versammeln sich die Mönche zum Stundengebet und zu Gottesdiensten, bei denen sie den gregorianischen Choral singen.

WEITERE INFORMATIONEN

www.prolocomontalcino.com
www.consorziobrunellodimontalcino.it
www.brunello-montalcino.com
www.antimo.it

Blühendes Rapsfeld mit der Kathedrale von Pienza (oben); Pietro Sbarluzzi gestaltet seine Kunstwerke aus Terrakotta (unten); Mamma Fiorella bereitet mit ihrer Schwiegertochter Maria die berühmten Pici zu (rechts); große Auswahl an Pecorino (rechte Seite oben); der Hauptplatz vor dem Dom, die Piazza Comunale Pio II. (rechte Seite unten).

24 Pienza – Juwel der Renaissance

Päpstliche Idealstadt

Pienza liegt im Herzen der Provinz Siena in einer der schönsten Gegenden Italiens. Seinen Namen und seine Berühmtheit verdankt der Ort einem einzigen Menschen: Enea Silvio Piccolomini. Der spätere Papst Pius II. wird in Pienza geboren und lässt das verschlafene bäuerliche Nest zu seiner Idealstadt umbauen.

Die kleine befestigte Ortschaft an der römischen Via Cassia trägt bis ins Jahr 1462 den Namen Corsignano. Die Häuser und Palazzi sind längs der Hauptstraße, dem heutigen Corso Rossellino, zwischen den beiden Stadttoren Porta al Ciglio und Porta al Prato angesiedelt. 1405 erblickt hier Enea Silvio Piccolomini als Spross einer alteingesessenen, traditionsreichen Familie das Licht der Welt. Der bedeutende Humanist, Gelehrte und Schriftsteller wird 1458 in einem dreitägigen Konklave in Rom zum Papst Pius II. gewählt. Auf einer Reise nach Mantua im Jahr 1459 zieht der Papst durch seine ehemalige Heimatstadt. Betroffen vom zunehmenden Verfall der Ortschaft, beschließt Pius II. das alte Corsignano neu erbauen zu lassen: Eine Vorzeigestadt der Renaissance des 15. Jahrhunderts soll hier entstehen und nach ihm selbst »Pienza« genannt werden.

Gotik und Renaissance

Der Papst verpflichtet für dieses Vorhaben keinen Geringeren als Bernardo Rossellino, einen der berühmtesten Architekten der Epoche. Im gleichen Jahr beginnt dieser mit dem Bau der Kathedrale im Zentrum von Pienza. Auf den Ruinen der alten romanischen Marienkirche aus dem 12. Jahrhundert errichtet Rossellino das neue Gotteshaus, eine dreischiffige, lichtdurchflutete Hallenkirche nach dem Vorbild der nordalpinen Gotik, die Pius II. auf seinen vielen Reisen in den Norden kennen und schätzen gelernt hat. Die mit Travertin verkleidete Fassade ist ganz klassisch der Renaissance verpflichtet. Im Inneren wird das gotische Raumkonzept im Stil der toskanischen Frührenaissance fortgeführt. Die bekanntesten Künstler der Gegend gestalten den Innenraum und die Altarbilder. Den Komplex des

Gotteshauses schließt an der linken Seite des Kirchenschiffes der achteckige Kirchturm ab, der elegant und leicht in den Himmel ragt. Am 29. August 1462 weiht der Papst höchstpersönlich seinen neuen Dom ein.

Humanistische Stadtplanung

Zentraler Ausgangspunkt der neuen humanistischen Stadtanlage ist der mit großen rechteckigen Mustern geometrisch gestaltete harmonische Hauptplatz vor dem Dom, die Piazza Comunale Pio II. Der Palazzo Pubblico, das Rathaus, steht gegenüber dem Dom, der Palazzo Borgia, der später in Vescovile umgetauft wird, säumt den Platz auf der linken Seite und der Palazzo Piccolomini auf der rechten. Der Palazzo Borgia ist Wohnsitz von Kardinal Rodrigo Borgia, dem späteren Papst Alexander VI. Das beeindruckendste und größte Gebäude ist jedoch der Palazzo Piccolomini, der zwischen 1459 und 1462 von Bernardo Rossellino am Ort des ehemaligen Wohnsitzes der Piccolomini errichtet wird. Bis 1962 wird er von der Familie Piccolomini selbst bewohnt. Heute bildet der Palast, der zu den am besten erhaltenen der Toskana zählt, einen integrierenden Bestandteil des historischen Pienza und lädt zum lohnenden Besuch ein. Der berühmte, fein gestaltete Pozzo, der Travertinbrunnen vor dem Palazzo Piccolomini, wird zum Vorbild für viele Brunnen in der Toskana. In knapp vier Jahren lässt Architekt Rossellino eine neue Stadt aus dem alten Corsignano erblühen, »ein Monument zur ewigen Erinnerung an die eigenen Ursprünge«, wie Papst Pius II. schreibt. Neben mehreren weiteren Palazzi werden in der Nähe der Porta al Ciglio auch zwölf Wohnhäuser für die arme Bevölkerung gebaut. Dann brechen die Arbeiten durch den plötzlichen Tod von Pius II. ab. Dieser stirbt am 15. August 1464 in Ancona beim Versuch, ein Heer gegen die Türken aufzustellen. In der Piccolomini-Bibliothek im Dom von Siena zeichnen die Fresken von Bernardino di Betto di Biagio, dem berühmten Pinturicchio, bedeutende Stationen aus dem Lebensweg des Papstes nach.
Pienza verfällt allmählich in einen Winterschlaf, gerät in die Zwickmühle zwischen Siena und Florenz und verarmt im 17. und 18. Jahrhundert. Erst um die Mitte des 20. Jahrhunderts kommt neues Leben in die alten Mauern. Pienza erwacht zu neuer Blüte und wird seinem Namen als Idealstadt der Renaissance wieder voll gerecht. Die Altstadt von Pienza wird 1996 von der UNESCO zum Weltkulturerbe erklärt.

DER PECORINO DI PIENZA

Der Pecorino oder Cacio aus Pienza ist für seinen hervorragenden Geschmack bekannt. In den 1960er-Jahren haben Landflucht und die Aufgabe vieler Güter sowie der Zuzug von sardischen Schafhirten den Käse teilweise verändert. In seiner klassischen Form aber ist der echte Pecorino aus Pienza eine unvergleichliche Delikatesse, die ihren einzigartigen Charakter durch das duftende Gemisch von Kräutern wie *santoreggia* (Berg-Bohnenkraut), *timo serpillo* (Sand-Thymian), *elicriso* (Strohblume) und *assenzio* (Wermut) auf den Weiden erhält. Die häufigsten Pecorino-Sorten, die in Pienza angeboten werden, sind der Cacio di Pienza, der Cacio rosso e nero di Pienza und der Marzolino di Pienza. Der Cacio wird gern mit Honig oder Marmelade verkostet. Diese Tradition gibt es in der Toskana seit 1719, als in Siena bei einem Karnevalsbankett Käse zusammen mit Konfitüre serviert wurde. Am ersten Sonntag im September findet in Pienza alljährlich die Fiera del Cacio pecorino, das »Fest des Pecorino-Käses«, statt. Dabei kleidet sich die Hauptstadt des Cacio ganz in Duft und Farbe des berühmten Käses.

WEITERE INFORMATIONEN

www.pienza.info
www.palazzopiccolominipienza.it

Das Kloster Sant'Anna in Camprena liegt beinahe versteckt in einer traumhaften und geheimnisvoll verwachsenen Naturlandschaft vor den Toren von Pienza.

25 Das Kloster Sant'Anna in Camprena – eine oscarreife Schönheit

Der Englische Patient

Nach der Romanvorlage von Michael Ondaatje verfilmt der italo-britische Regisseur Anthony Minghella 1996 *Der englische Patient* mit Ralph Fiennes, Juliette Binoche, Willem Dafoe und Kristin Scott Thomas in den Hauptrollen. Einer der Hauptschauplätze des mit neun Oscars ausgezeichneten Films ist das Kloster Sant'Anna in Camprena.

Wer erinnert sich nicht: Ägypten, kurz vor dem Zweiten Weltkrieg. Der ungarische Graf László Almásy erkundet als Mitglied der britischen Royal Geographic Society die Wüste, um Karten für die Forschungsprojekte von Geografen und Archäologen zu erstellen. Als deutsche Armeeeinheiten ihn abschießen, wird er von einem englischen Konvoi aufgenommen und von der Rot-Kreuz-Schwester Hana gepflegt. Hana verlässt mit Almásy den Konvoi, um ihn in Ruhe pflegen zu können. In der verlassenen Villa San Girolamo in der Toskana lassen sich beide nieder. Hana kümmert sich aufopfernd und liebevoll um den verbrannten Mann, den »englischen Patienten«, und unterhält sich und ihn mit dem Vorlesen von Büchern von Rudyard Kipling und Stendhal …

Ein Ort des Geistes in der Natur

Vor den Toren von Pienza liegt Sant'Anna in Camprena auf einem kleinen Hügel zwischen der Val d'Orcia und den Crete Senesi beinahe versteckt in einer traumhaft und geheimnisvoll verwachsenen Naturlandschaft. Der heilige Bernardo Tolomei hat zwischen 1324 und 1334 das Kloster für den Benediktinerorden gegründet. Mehrere Um- und Erweiterungsbauten im Lauf der Jahrhunderte prägen das Bild der heutigen, in einigen Teilen etwas vernachlässigten Anlage – aber vielleicht macht gerade dies ihren besonderen Charme aus. Sehenswert sind im Refektorium die Fresken, die die Geschichte des Ordens sowie Szenen aus der Bibel zeigen. Sie wurden von Antonio Bazzi, auch »Sodoma« genannt, in den Jahren 1502 und 1503 gemalt. Sant'Anna in Camprena sollte man einfach auf sich wirken lassen: die Ruhe und den Frieden der umliegenden Natur, die verborgene und dennoch greifbare Geschichte, die bewegenden Bilder aus *Der englische Patient* …

Das Kloster kann von Dienstag bis Sonntag jeweils von 15.30 bis 19.30 Uhr besichtigt werden. Seit einigen Jahren lädt ein einfacher, gastfreundlicher Agriturismo nach Sant'Anna in Camprena ein.

INFORMATIONEN: www.camprena.it

26 Chiusi – Legenden der Etrusker

Ein Dorado der Archäologen

Chiusi ist eine Stadt reich an Geschichte und Kultur – und ein archäologisches Zentrum von internationalem Interesse. Die Stadt ist etruskischen Ursprungs und erreicht zwischen dem 7. und 5. Jahrhundert v. Chr. ihre größte Ausdehnung. Die Relikte aus jener Epoche sind hier so hervorragend erhalten wie an kaum einem anderen Ort.

Chamars – »von Sümpfen umgeben« – lautet der etruskische Namen der Stadt an der strategisch wichtigen Nord-Süd-Verbindung im Süden der Valdichiana. Die Stadt gehört zu den wichtigsten Zentren des Etrusker-Reiches, und ihr berühmtester König, Porsenna, geht in die Geschichte ein, weil er es wagt, das junge und mächtige Rom anzugreifen. Die Römer, die die Region ab dem 4. Jahrhundert v. Chr. beherrschen, nennen die Stadt in der Folge »Clusium«. Rund tausend Jahre später übernehmen 765 n. Chr. die Langobarden die Herrschaft. In den folgenden Jahrhunderten breiten sich Sümpfe und mit diesen die Malaria aus. Es wird still um Chiusi, bis 1556 die Medici hier die Macht übernehmen. Sie lassen die Sümpfe trockenlegen und sorgen für einen neuen Aufschwung.

Das Labyrinth des Porsenna

Ab dem 18. Jahrhundert beginnt man, sich auf Chiusis glorreiche Vergangenheit zurückzubesinnen und zahllose Fundstücke zu sammeln. 1870 wird das Archäologiemuseum gegründet, in dem man die wichtigsten und wertvollsten der entdeckten Objekte aufbewahrt. Die etruskischen Nekropolen und die frühchristlichen Katakomben werden nach und nach freigelegt, der Archäologiepark von Chiusi entsteht. Neun große etruskische Grabanlagen sind dort zugänglich, darunter die berühmten Tombe della Pellegrina, della Scimmia und del Leone. Unter dem Dom, dem Stadtheiligen Secondiano geweiht und im 6. Jahrhundert erbaut, beginnt das Labyrinth des Porsenna – der Eingang liegt beim Dommuseum. Von einem Labyrinth, das das sagenumwobene Mausoleum des Königs Porsenna schützt, berichtet schon der römische Schriftsteller Plinius der Ältere in seiner *Naturalis historia*. Gedient hat das Labyrinth aber wohl der Wasserversorgung und -entsorgung in der Stadt. Bis zu 25 Meter tief unterqueren die beeindruckenden Gänge den Domplatz von Chiusi hin zu einer großen Zisterne mit Tonnengewölben aus dem 1. Jahrhundert.

INFORMATIONEN: www.labirinto.info
www.comune.chiusi.siena.it

Relikte aus der Etruskerzeit sind in Chiusi so hervorragend erhalten wie an kaum einem anderen Ort (oben und unten).

Im geschichtsträchtigen Thermalkurort Bagno Vignoni: Blick auf das »Adler Thermae Spa & Relax Resort« (oben und rechte Seite oben); ein wahrer Genuss: die Thermalquellen von Bagno Vignoni (unten); die Piazza delle Sorgenti, der Platz der Quellen, ist seit über 500 Jahren mit 52 °C heißem, schwefelhaltigem Wasser gefüllt (rechts unten).

27 Bagno Vignoni – die Kraft des Wassers

Heilbad mit Geschichte

Dörfer und Städte werden normalerweise rund um die Kirche oder den Dorfplatz herum errichtet. Im geschichtsträchtigen Thermalkurort Bagno Vignoni ist man nach anderen städtebaulichen Kriterien vorgegangen: Sein Zentrum bildet das große Thermalbecken mit den heilenden Warmwasserquellen. Rundum ist die kleine Ortschaft entstanden.

Bagno Vignoni zählt wohl zu den romantischsten und am besten erhaltenen Weilern in der Toskana. Das knapp 30 Einwohner zählende Dorf ist eine Fraktion von San Quirico d'Orcia und liegt im Herzen des Naturparks Val d'Orcia. Der Hauptplatz von Bagno Vignoni ist nicht gepflastert. Seine Piazza delle Sorgenti, der »Platz der Quellen«, ist mit 52 °C heißem, schwefelhaltigem Wasser gefüllt – seit über 500 Jahren. Unverändert geblieben ist auch das gesamte Erscheinungsbild des kleinen Zentrums. Das große, rechteckige Becken aus dem 15. Jahrhundert wird auf drei Seiten von einer Mauer umgrenzt. Es fasst die Thermalquellen, die aus 1000 Meter Tiefe sprudeln und von dem nahegelegenen erloschenen Vulkan Monte Amiata gespeist werden.

Berühmte Kurgäste

Als Thermalort bekannt wird Bagno Vignoni im Mittelalter; um die heilende Wirkung des Thermalwassers aus der Gegend wissen aber bereits die Etrusker und die Römer. Ganz in der Nähe führt die historische Via Francigena vorbei, auf der alljährlich Tausende von Reisenden von Canterbury aus nach Rom pilgern. Ein wohltuendes Bad und eine entspannende Erfrischung sind da sicherlich nicht fehl am Platz, wie Michel de Montaigne um 1581 in seinem Reisetagebuch vermerkt. Berühmte Persönlichkeiten wie Katharina von Siena und Papst Pius II. reisen wiederholte Male zur Erholung an. Ein Bericht um 1460 beschreibt die Kuren des Papstes: »In Bagno Vignoni macht der Heilige Vater zwanzig Tage lang eine Kur, die darin besteht, dass er sich heißes Wasser über das Haupt gießt. Die Kur ist nützlich, weil laut den Ärzten sein Gehirn zu viele Gemütszustände hat.« Auch Lorenzo I. de' Medici, der an Arthrose leidende Lorenzo der Prächtige, sucht hier um 1490 Heilung von seinen Leiden.

Die Besitzer wechseln

Die Piazza delle Sorgenti säumen einige Gebäude des berühmten Florentiner Architekten Bernardo Rossellino. Der Erbauer von Pienza hat sie im Andenken

an Enea Silvio Piccolomini, besser bekannt als Papst Pius II., errichtet. Daneben faszinieren der Bogengang der Katharina von Siena, zu dem eine der Heiligen geweihte Kapelle gehört, und die restaurierten Fresken in der Pfarrkirche zum Heiligen Johannes dem Täufer, die Ventura Salimbeni zugeschrieben werden.
Der Name Vignoni stammt vom gleichnamigen Schloss aus dem 11. Jahrhundert, dessen Spuren sich noch heute oberhalb der Ortschaft befinden. Im 12. Jahrhundert gehört der Weiler der Familie Tignosi, den Herren des heutigen Ortsteils Rocca d'Orcia. Im 13. Jahrhundert geht der Besitz an die Sieneser Familie Salimbeni über, die den Ort 1417 wiederum an die Stadt Siena verkauft. Siena schließlich sorgt für eine geordnete Nutzung der Anlage. Die Leitung der Thermen mit getrennten Bädern für Männer und Frauen und das Recht zur Erhebung der Badesteuern überträgt die Stadt 1592 der Familie Amerighi. Diese wird 1599 zudem verpflichtet, in der Nähe der Bäder eine Bäckerei, eine Metzgerei und eine Herberge zu errichten. Für das alljährliche Entleeren und Reinigen der Becken im Mai wird die Bevölkerung von Bagno Vignoni zur Mithilfe verpflichtet. 1677 schließlich geht der Weiler in den Besitz von Kardinal Flavio Chigi über. Seine Nachfahren haben noch heute Besitztümer in der Gegend.
Das abfließende Wasser aus den Becken versorgt über Jahrhunderte an den Abhängen unterhalb von Bagno Vignoni vier mittelalterliche, in die Felsen gehauene Mühlen. Diese garantieren die Grundversorgung auch in den Monaten, in denen andere Mühlen aufgrund der Wasserknappheit schließen müssen.
Trotz all der kriegerischen Wirren und Auseinandersetzungen im Lauf der Jahrhunderte bleibt Bagno Vignoni in seiner ursprünglichen Form erhalten. Wohl auch aus diesem Grund hat die UNESCO im Jahr 2004 die gesamte Val d'Orcia als Weltkulturerbe eingestuft.

DIE KRAFT DER NATURELEMENTE

Die heilende und reinigende Wirkung des bikarbonat-, alkali- und sulfathaltigen, leicht radioaktiven Wassers ist wissenschaftlich nachgewiesen. In Verbindung mit seiner wohltuenden Wärme von 52 °C entfaltet es eine positive Wirkung auf den gesamten Organismus, besonders auf die Haut, die Knochen und Gelenke, und dient zur Behandlung von Erkrankungen der oberen Atemwege und von Frauenleiden.
Im »Albergo le Terme« an der Piazza delle Sorgenti sind die Thermalanlagen öffentlich zugänglich. Eine Vormerkung für die Benutzung sowie für die verschiedenen Behandlungen wird empfohlen.
300 Meter vom verträumten Zentrum entfernt lässt das »Adler Thermae Spa & Relax Resort« in einem ehemaligen Travertin-Steinbruch mit eigener Thermalquelle die überlieferte Kurtradition in einem mondänen, zeitgemäßen und naturnahen Rahmen weiterleben.

WEITERE INFORMATIONEN

www.prolocobagnovignoni.it
www.termedibagnovignoni.it
www.adler-thermae.com

Sommelier Massimo Stella und Küchenchef Lucca Cardoli vor ihrem Restaurant »Le Logge del Vignola« in Montepulciano (oben); aus der Sangiovese-Traube werden Chianti, Montepulciano und Brunello gekeltert (Mitte); Künstler Mario Fani in seinem Atelier im Casentinotal (unten); gemütliche Mittagspause im Restaurant »Casentino« in Poppi (rechts).

Der Osten

Der Dom von Arezzo mit seiner wuchtig-nüchternen Fassade steht am höchsten Punkt der Stadt (oben); das Castello di Poppi der Grafen Guidi in Poppi nördlich von Arezzo (unten); unter den einladenden Logge del Vasari an der Piazza Grande im Zentrum von Arezzo (rechts).

28 Arezzo – Geschichte, Gold und Antiquitäten

Eine europäische »Urstadt«

Als eine der ältesten Städte Europas blickt Arezzo auf eine 4000-jährige, wechselvolle Geschichte zurück. Dank seiner strategischen Lage hat es im Lauf der Jahrtausende immer eine zentrale Rolle gespielt. Heute genießt die Provinzhauptstadt internationalen Ruf als Zentrum der Goldschmiedekunst und des Antiquitätenhandels – und hat Besuchern wie kaum eine andere Stadt alles zu bieten, was das Herz begehrt.

Älter als Alexandria in Ägypten, die Mayastadt Uxmal oder die Azteken-Hochburg Tenochtitlán in Mexiko: Arezzo übertrifft sie alle. Historiker vermuten den Ursprung des schmucken Städtchens an der Nord-Süd-Achse zwischen Florenz und Rom um das Jahr 2000 v. Chr. Damit entsteht es ungefähr zur gleichen Zeit wie Ninive oder Assur in Mesopotamien im heutigen Irak.
Rund 4000 Jahre ist die Stadt selbst alt. Der 290 Meter hohe Hügel San Donato, auf dem sich Arezzo ausbreitet, ist jedoch schon in vorgeschichtlicher Zeit besiedelt. Hiervon zeugen Steinwerkzeuge und die Relikte des *Uomo dell'Olmo* aus der Altsteinzeit. Gefunden wird dieses älteste menschliche Skelett Italiens 1863 beim Bau der Bahnstrecke Rom – Florenz im Ortsteil dell'Olmo.

Die etruskische Chimäre

Bereits im 9. Jahrhundert v. Chr. – und damit zwei Jahrhunderte vor der Gründung Roms – gründen Etrusker auf dem Hügel die Siedlung Aritim, die sich schon bald zu einem der wichtigsten Zentren des Etruskerreiches entwickelt. Während sich all die anderen Völker auf der italienischen Halbinsel erst in den ersten Entwicklungsstadien einer neuen Zivilisation befinden, zeugen Funde aus dieser Zeit von einer außerordentlichen Kultur und hochentwickelten Gesellschaftsform. Die im 15. Jahrhundert entdeckte Chimäre aus Arezzo, eine 65 Zentimeter große Bronzeskulptur aus der Zeit um 360 bis 340 v. Chr., zählt zu den schönsten und wertvollsten Funden aus der Zeit der Etrusker. Die *chimera* ist bereits in der griechischen Mythologie ein feuerspuckendes Raubtier mit Löwenkopf, einer Schlange als Schwanz und einem aus dem Rücken herauswachsenden Ziegenkopf, das die Menschen terrorisiert. Das außergewöhnliche Kunstwerk ist heute im archäologischen Nationalmuseum in Florenz zu besichtigen.
Das Erstarken des Römischen Reiches besiegelt den Untergang der Etrusker. Das vereinte etruskische Heer wird 295 v. Chr. in der Nähe von Grosseto geschlagen.

Der Palazzo della Fraternità dei Laici in Arezzo (oben); nettes Detail am Rande: ein Engel als Türklopfer (unten); Stimmung in der Kathedrale der Heiligen Donatus und Petrus (rechts oben).

Rom erobert das etruskische Aritim, tauft es in Arretium um und baut es zu einem symbolischen Zentrum der römischen Machtergreifung gen Norden aus. Wichtige öffentliche Bauwerke entstehen: das Theater, die Thermen und das große Amphitheater, das zum Teil noch heute erhalten ist. Kulturell und wirtschaftlich erlebt die Stadt eine neue Blütezeit als ein Zentrum der Metallverarbeitung und vor allem der Keramikproduktion. Die in Arezzo gefertigten Keramikvasen sind im gesamten Mittelmeerraum wegen ihrer besonderen Farbe als »Corallini« und »Arretina Vasa« bekannt. Mit der voranschreitenden Christianisierung verliert dieses Kunsthandwerk in Arezzo jedoch allmählich an Bedeutung, entsprechen doch die vorchristlichen und mythischen Ornamente auf den Vasen nicht mehr dem neuen Zeitgeist.
Nach dem Zerfall des Römischen Reichs erlebt Arezzo eine wechselvolle Geschichte. Mehrmals erobert, geplündert und teilweise zerstört, wird es zuerst von den Langobarden und dann von den Franken unter Karl dem Großen besetzt. Dieser stärkt die Rolle der Kirche und macht Arezzo zum Bischofssitz. Arezzo ist eine der wenigen Städte, in denen lückenlos alle Bischöfe der Geschichte namentlich bekannt sind. Der Bau des alten Domes auf dem Hügel Colle del Pionta, der Kathedrale und der Pieve di Santa Maria Assunta fallen in diese Zeit. Ein berühmter Sohn der Stadt, Guido Monaco, wird um 991 geboren. Er gilt als der Erfinder der modernen Notenskala.
Der Fürstbischof, der außerhalb der Stadtmauern residiert, hält um die Jahrtausendwende in Arezzo die Macht in seiner Hand.

Libero Comune

Dagegen formiert sich jedoch eine starke Bürgerbewegung, die in der Gründung der freien Gemeinde, der *Libero Comune*, gipfelt. 1089 wird in Arezzo erstmals ein eigener Konsul der Stadt erwähnt. Konflikte zwischen den beiden Machtbereichen sind an der Tagesordnung. Sie werden erst durch das Wormser Konkordat im Jahr 1122, das Ende der Streitigkeiten zwischen Kaiser und Papst sowie die Entmachtung der Fürstbischöfe, beigelegt. 1252 entsteht in Arezzo mit Lo Studium eine der ersten Universitäten Italiens. Damit einher geht ein neuer kultureller Aufschwung. Guittone d'Arezzo und Cenne de la Chitarra werden zu Vertretern der neuen italienischen Lyrik. Ristoro d'Arezzo schreibt 1282 sein wissenschaftliches Werk über Geografie und Astronomie erstmals in Vulgärlatein. Und schließlich erblickt 1304 Francesco Petrarca,

Mitbegründer des Humanismus und gemeinsam mit Dante Alighieri und Boccaccio einer der wichtigsten Vertreter der frühen italienischen Literatur, in Arezzo das Licht der Welt.
Der wirtschaftliche und kulturelle Aufstieg der Stadt erweckt aber auch den Neid der Nachbarstädte. Nach mehreren Konflikten schlagen im Jahr 1289 die um Florenz und Siena vereinten papsttreuen Guelfen die kaisertreuen Ghibellinen vernichtend in der Schlacht von Campaldino. 1384 kommt Arezzo endgültig unter die Herrschaft von Florenz, wo es in den nächsten Jahrhunderten mit kurzen Unterbrechungen bleibt. Die Vorherrschaft und der Einfluss von Florenz machen sich nicht nur in Kunst und Kultur bemerkbar. Es wird ruhiger in der Stadt, mit der es auch wirtschaftlich abwärts geht. Der älteste Teil Arezzos, die Burg und der Dom, müssen zum großen Teil der neuen Festung der Medici weichen. Cosimo I., Herzog der Toskana, gestaltet um 1550 die Stadt um: Die Stadtmauern werden verkleinert, die Stadttore weniger, die Burg wird erweitert, die Kathedrale fertiggestellt. Historische Bauten wie der Palazzo del Comune und der Palazzo del Popolo müssen dem neuen Stadtbild weichen. Bei diesen Arbeiten wird die berühmte *Chimäre* gefunden.

Ein Rundgang durch das Mittelalter

Geschichte, Kultur, Kunst, Handwerk und Handel sowie die Kunst des guten Lebens – Arezzo vereint heute all dies in seiner majestätischen Beschaulichkeit. Die Stadt präsentiert sich dem Besucher ruhig und wohlhabend und bietet in ihrem eleganten modernen Teil viele Möglichkeiten zum Einkaufen und Bummeln.

Auf dem traditionsreichen Antiquitätenmarkt in Arezzo (links unten); Porzellanladen in Monte San Savino (oben); die Kathedrale der Heiligen Donatus und Petrus – ein Meisterwerk der toskanischen Gotik (unten).

Die landwirtschaftliche Fattoria San Fabiano in Arezzo (oben); beim traditionsreichen mittelalterlichen Stadtfest, der Giostra del Saracino (unten und rechts unten); Detail von der Fiera Antiquaria von Arezzo, der ältesten und größten Antiquitätenmesse Italiens (rechts oben).

Unser Ziel ist aber die Altstadt mit der imposanten Medici-Festung Fortezza Medicea auf der Anhöhe. Historische Paläste, Patrizierhäuser, Kirchen und Kapellen bilden im Ensemble ein wahres mittelalterliches Juwel. Hier muss man die Zeit vergessen und in Ruhe durch die engen Gassen und einladenden Plätze des historischen Zentrums spazieren. Beginnen wir unseren Rundgang bei der Porta Nord der alten Stadtmauern. Gleich treffen wir auf die Kathedrale der Heiligen Donatus und Petrus, ein Meisterwerk der toskanischen Gotik. Den Besuch lohnt schon allein das berühmte Magdalena-Fresko von Piero della Francesca. Nicht minder beeindruckend ist das große Holzkreuz des jungen Cimabue in der nahen gotisch-romanischen Chiesa di San Domenico aus dem 13. Jahrhundert. Einige Schritte weiter treffen wir auf das mit Fresken verzierte Geburtshaus von Giorgio Vasari, Architekt, Bildhauer und Hofmaler der Medici. Das Gebäude beherbergt heute ein Museum und Archiv mit Originalbriefen von Michelangelo, Papst Pius V. und Cosimo I. de' Medici. Gleich daneben lockt das Museum für mittelalterliche und moderne Kunst mit hervorragenden Werken aus dem 13. bis 19. Jahrhundert.
Zurück an der Kathedrale führt der Weg nun in Richtung Prato. Der 1809 eröffnete öffentliche Park liegt zwischen dem Colle San Pietro und dem Colle San Donato, auf dem die Medici-Festung Fortezza Medicea thront. Hier befindet sich das alte etruskische und römische Forum von Arezzo. Heute ist der Park mit der 1928 aus weißem Marmor errichteten Statue von Francesco Petrarca ein beliebter Treffpunkt der Stadtbewohner.

Die ab 1502 errichtete und mehrmals umgebaute und erweiterte Medici-Festung ist zum Symbol der Herrschaft von Florenz geworden. Die trapezförmige, von den Brüdern Giuliano und Antonio il Vecchio da Sangallo erbaute Grundstruktur über der mittelalterlichen Zitadelle ist ein einmaliges Zeugnis der Militärarchitektur des 16. Jahrhunderts. Von hier aus öffnet sich ein herrlicher Panoramablick auf die Stadt Arezzo und die gesamte Umgebung. Unterhalb der Festung spazieren wir durch die Via dei Pileati vorbei am Palazzo Pretorio, dessen Fassade reich mit heraldischen Wappen verziert ist. Weiter führt der Weg zu den Logge del Vasari und den Resten des Palazzo del Capitano bis zur Piazza Grande. Der »Große Platz« beeindruckt mit seinem fast unwirklichen und doch harmonisch miteinander vereinten Gemisch aus verschiedenen Baustilen und Epochen.

Im Bann der Geschichte

Unregelmäßig und leicht geneigt öffnet sich der zentrale Platz von Arezzo. Zweimal im Jahr findet hier das wichtigste historische Schauspiel der Stadt statt: die Giostra del Saracino. Das »Turnier des Sarazenen« erinnert an die Bedrohung des christlichen Europas durch den muslimischen Orient. Die Ursprünge der einst militärischen Wettkämpfe, bei denen Vertreter der vier historischen Stadtteile auf Pferden und mit Lanzen um den Sieg kämpfen, reichen bis ins 13. Jahrhundert zurück.
Jedes erste Wochenende im Monat belebt die große, bekannte Antiquitätenmesse von Arezzo den Hauptplatz und das Zentrum der Altstadt. Direkt an der

Piazza Grande stehen der barocke Palazzo del Tribunale, der von Vasari erbaute Palazzo delle Logge und der Palazzo della Fraternità dei Laici. Unter den kleinen Laubengängen haben sich einladende Geschäfte und Handwerksbetriebe angesiedelt.
Unser Spaziergang geht weiter zur romanischen Pieve di Santa Maria mit dem Campanile delle cento buche. Der »Turm der hundert Löcher« erhielt seinen Namen aufgrund seiner über 40 Fensteröffnungen. Auf der Piazza San Francesco steht die dem heiligen Franz von Assisi geweihte Basilika, eine schlichte Kirche des Bettelordens der Franziskaner und wohl das wichtigste Gotteshaus der Stadt. Seinen Mittelpunkt bildet der großartige Freskenzyklus von Piero della Francesca zur *Legende vom Wahren Kreuz*.

Es gibt noch viel zu sehen, ehe wir die Stadt verlassen: Das sehenswerte Goldmuseum in der Via Fiorentina dokumentiert die Geschichte eines Handwerks, das heute in Arezzo wieder breiten Raum einnimmt. Das archäologische Museum Mecenate präsentiert wichtige Sammlungen aus der Zeit der Etrusker und Römer sowie Meisterwerke der Keramik. Vor den Stadtmauern laden die Reste des römischen Amphitheaters und die romanischen Kirchen San Eugenia al Bagnoro und San Paolo zum Besuch ein. Vorher müssen wir uns aber noch in einer der typischen Osterien der Stadt mit einigen kulinarischen Spezialitäten – etwa mit frittiertem Sellerie, gefüllten Artischocken, Hühnersuppe oder Aal *all'Aretina* – und mit einem bekömmlichen Glas Chianti von der Weinstraße Terre di Arezzo oder aus den Colli Aretini stärken.

DIE FIERA ANTIQUARIA

Die Fiera Antiquaria von Arezzo ist die älteste und größte Antiquitätenmesse Italiens. Seit den ersten Ausstellungen Ende der 1960er-Jahre ist die Messe zu einem international bekannten Ereignis avanciert – dank ihrer langen Tradition und wegen ihres schönen Ambiente. Rund 500 Aussteller beleben jedes erste Wochenende im Monat den Hauptplatz und das Zentrum der Altstadt. Zehntausende von Besuchern können dabei in die Vergangenheit eintauchen und nach Antiquitäten stöbern. Fündig wird man besonders bei den Keramiken, Uhren, Büchern, Bildern, Möbeln, Musikinstrumenten, Gebrauchsgegenständen und vielen Kuriositäten. Geschäfte und Galerien in der Altstadt schließen sich dem Markttreiben an und stellen ihrerseits wertvolle Preziosen aus. Ein buntes Treiben erfüllt allmonatlich die Stadt, das für jeden Besucher zu einem einmaligen Erlebnis wird.

WEITERE INFORMATIONEN

www.apt.arezzo.it
www.arezzoturismo.it
www.arezzofieraantiquaria.org
www.giostradelsaracino.arezzo.it

Das Städtchen Anghiari mit seinem mittelalterlichen Flair (oben); idyllische Dorfstimmung in den alten Gassen von Anghiari (unten).

29 Anghiari – auf den Spuren von Leonardo da Vinci

Ein historischer Sieg

Enge Gassen, steinerne Treppen, eine intakte Stadtmauer aus dem 13. Jahrhundert – rund 20 Kilometer östlich von Arezzo beeindruckt das Städtchen Anghiari durch sein mittelalterliches Flair. In die Geschichte eingegangen ist der 6000-Seelen-Ort aber durch die berühmte Schlacht von Anghiari.

Wir schreiben den 29. Juni 1440. Im Kampf um die Vorherrschaft in der Region besiegen die von Florenz angeführten Truppen der italienischen Liga – Republik Florenz, Kirchenstaat und Republik Venedig – die zahlenmäßig überlegenen Streitkräfte des Herzogtums Mailand, das von den Visconti regiert wird.

In Florenz ist die Freude über den Sieg verständlicherweise groß – das ruhmreiche Ereignis soll verewigt werden. Die Stadtväter erteilen deshalb 1503 Leonardo da Vinci den Auftrag, die siegreiche Schlacht auf einem Wandgemälde im Palazzo Vecchio, dem Florentiner Rathaus, festzuhalten. Der Meister beginnt 1505 mit seinem Werk, übersiedelt dann aber nach Mailand und bringt es daher nicht zu Ende. 1563 schließlich malt Giorgio Vasari im Palazzo Vecchio sein Gemälde von der Schlacht von Marciano, und Leonardos Bild geht verloren.

Das Geheimnis um das Werk Leonardos trägt viel dazu bei, dass die Schlacht von Anghiari unvergessen bleibt. Über die Jahrhunderte hinweg spekulieren Wissenschaftler über die Existenz des Schlachtengemäldes. Dem Kunsthistoriker Maurizio Seracini von der Universität San Diego gelingt 2006 endlich die Sensation: Das verschollene Werk Leonardo da Vincis ist auf einer Wand im »Saal der Fünfhundert« hinter Vasaris Gemälde verborgen. Sechs kleine Löcher bohren die Forscher durch Vasaris Fresko und entdecken mithilfe von Spezialkameras und Hightech-Geräten dahinter ein Gemälde mit denselben schwarzen Farbpigmenten aus Mangan und Eisen, wie sie ausschließlich Leonardo da Vinci benutzte. Vielleicht kann neben der Skizze, die Peter Paul Rubens vom unvollendeten Bild Leonardos anfertigte, in Florenz bald auch wieder das Original besichtigt werden. Wer weiß?

Übrigens: Anghiari ist seit 1999 Mitglied von Cittàslow. Die Bewegung hat sich die Verbesserung der Lebensqualität und die Förderung regionaler Erzeugnisse auf die Fahnen geschrieben. Mit seiner bunten kulinarischen Vielfalt erfüllt Anghiari diese Bedingung mit Bravour – ein Besuch lohnt sich schon allein deswegen.

INFORMATIONEN: www.anghiari.it

30 Sansepolcro – das Heilige Grab der Toskana

Eine Stadt der Mythen

Die Legende erzählt von den frommen Pilgern Arcanus und Aegidius, die auf ihrer Rückkehr aus dem Heiligen Land in die Gegend kommen und um 934 eine Kapelle mit Kloster erbauen. Im Heiligen Grab, dem *Santo Sepolcro*, bewahren sie ihre mitgebrachten Reliquien aus Jerusalem auf.

Als »Neues Jerusalem« wird der Ort bekannt. Bereits um 1013 wird eine Benediktinerabtei erwähnt, später siedeln sich Kamaldulenser an. Rund um das Kloster entsteht die Stadt gleichen Namens, die sich schon 1163 mit der Bezeichnung »Freistadt« schmücken darf. Ihre Geschichte ist jedoch ein ständiger Kampf um Freiheit und Unterwerfung.

Sansepolcro liegt im äußersten Osten der Toskana nahe der Grenze zu Umbrien und ist eine mittelalterliche Stadt mit 16 000 Einwohnern. Ihr berühmtester Sohn ist der Renaissancemaler Piero della Francesca. Ein Teil seiner Werke ist in der örtlichen Pinacoteca Comunale zu sehen und zu bewundern. Kunst und Kultur prägen auf Schritt und Tritt das historische Zentrum. Im Mittelpunkt stehen vor allem der malerische, romanisch-gotische Dom San Giovanni Evangelista und die gotische Kirche San Francesco sowie eine ganze Reihe von ehrwürdigen mittelalterlichen Palazzi: Alberti, delle Laudi, Aggiunti, Graziani, Ducci del Rosso …

Der Tabakanbau, die Goldschmiedekunst und die Holzverarbeitung, das Textilhandwerk sowie die Süßwarenindustrie – seit 1827 steht hier ein Werk des Süßwarenherstellers Buitoni – zählen heute zu den Haupterwerbszweigen der Stadt. In den letzten Jahrzehnten hat sich ein Teil der Landwirtschaft vor allem auf den Anbau von Heilkräutern spezialisiert. Das sehenswerte Aboca-Museum dokumentiert die Geschichte dieser Pflanzen sowie den Einsatz von Kräutern und Gewürzen in der Heilkunde im Lauf der vergangenen Jahrhunderte.

Tradition und Brauchtum spielen in Sansepolcro nach wie vor eine zentrale Rolle: Vor allem der Palio della Balestra, der historische Wettkampf der Armbrustschützen, wird groß gefeiert. Alljährlich am zweiten Wochenende im September messen sich die Bitturgensi, die Einwohner von Sansepolcro, mit jenen von Gubbio in einem großen Volksfest im traditionellen Armbrustschießen.

INFORMATIONEN: www.abocamuseum.it www.sansepolcro-info.com

Blick auf Sansepolcro, das »Neue Jerusalem« (oben); San Giuliano, Fresko von Piero della Francesca im städtischen Museum von Sansepolcro (unten).

31 Cortona und die Valdichiana – die Blume in der Kornkammer

Faszinierendes Cortona

Das reizende Cortona liegt 80 Kilometer südlich von Florenz und nördlich des Lago di Trasimeno. Von der reichen Geschichte der alten Etruskerstadt zeugen unter anderem die Stadtmauern aus dem 5. Jahrhundert v. Chr. Auf 600 Metern Meereshöhe gelegen, dominiert Cortona mit seinem mittelalterlichen Flair das gesamte Gebiet der südlichen Valdichiana.

Cortona dominiert mit seinem mittelalterlichen Flair das gesamte Gebiet der südlichen Valdichiana (oben); hoch über dem Tal: der Friedhof von Cortona (rechts); der Palazzo Comunale an der Piazza della Repubblica (rechte Seite unten); der Fluss Chiana schlängelt sich gemächlich durch die Valdichiana (rechte Seite oben).

Schon zu Zeiten der Etrusker ist Cortona aufgrund seiner außerordentlichen Lage ein bedeutendes Zentrum. Die etruskischen Grabstätten Meloni del Sodo am Fuß der Stadt lohnen ebenso einen Besuch wie das reich bestückte Museo dell'Accademia Etrusca im Palazzo Casali. 310 v. Chr. kommen die Römer, im 5. Jahrhundert n. Chr. die Goten. Das Gesicht des heutigen Cortona aber prägt das Mittelalter mit eindrucksvollen Bauten wie dem Palazzo del Capitano del Popolo und dem Palazzo Comunale. Aus der Renaissance stammen der Dom und die Kirche Alla Madonna del Calcinaio. Mit ihren klaren, geometrischen Formen und hohen Gewölben ist sie wohl das bedeutendste Bauwerk der Stadt. Die Abtei Santa Maria a Farneta aus dem 9. und 10. Jahrhundert an der Straße nach Foiano della Chiana ist das älteste Zeugnis romanischer Baukunst in der Region.
Ein Termin, den kein Antiquitätenfreund versäumen darf, ist die wichtige Antiquitätenmesse Cortonantiquaria. Sie findet alljährlich vom letzten Samstag im August bis zum zweiten Sonntag im September in den noblen Sälen des Palazzo Vagnotti statt.

Beschauliche Valdichiana

Der Fluss Chiana entspringt im Apennin bei Arezzo und fließt 42 Kilometer bis nach Orvieto, wo er in den Tiber mündet. Das weite Chiana-Tal zwischen Arezzo und Chiusi ist schon für die Etrusker und Römer eine wichtige Kornkammer gewesen. Nachdem er die Alpen und den Apennin überquert hat, versorgt sich der karthagische Feldherr Hannibal hier vor der Schlacht am Lago di Trasimeno 217 v. Chr. mit Lebensmitteln,

plündert und verwüstet die Gegend. Nur Cortona bleibt unberührt.
Im Mittelalter versumpft die Valdichiana zunehmend – in Leonardo da Vincis *Codice Atlantico* ist sie als großer See eingetragen. Erst im 18. Jahrhundert verlegen Ingenieure rund um den Conte Vittorio Fossombroni die Wasserscheide, legen die Sümpfe wieder trocken und verwandeln diese erneut in eine fruchtbare Landschaft.

Genuss, Kunst und Erholung

Getreide- und Gemüseanbau, Olivenhaine und Weinberge – der typische Weißwein Bianco Vergine Valdichiana stammt aus der Gegend – prägen heute das Landschaftsbild. Die Valdichiana ist Heimat einer der ältesten Rinderrassen Europas, der Razza Chianina, die nicht erst durch die *bistecca fiorentina* Berühmtheit erlangt.

Neben den verlockenden kulinarischen Angeboten stehen in der Valdichiana überall Kunst und Erholung an der Tagesordnung. Zum körperlichen Wohlbefinden tragen die bekannten Thermalzentren Chianciano Terme, Montepulciano und San Casciano Bagni bei. Chiusi lädt mit seiner herrlichen Piazza Baldini zum Besuch ein, Torrita di Siena und Montefollonico sind wie geschaffen für eine Zeitreise ins tiefe Mittelalter.
Neben den wichtigsten italienischen Nord-Süd-Verkehrsachsen, die hier durchführen, kann man in der Valdichiana abseits dieser Routen längs der alten Verbindungswege und der beiden kleinen Seen, der Chiari von Chiusi und Montepulciano, genussvolle Radtouren unternehmen. Ein besonderes Erlebnis ist auch eine nostalgische Fahrt mit dem Treno Natura, einer Eisenbahn mit Dampflok oder Oldtimer-Triebwagen.

UNTERWEGS MIT DEM TRENO NATURA

Mit einem Verkehrsmittel aus alten Zeiten die Schönheiten der Terre di Siena entdecken ist das Ziel von Treno Natura. Die Fahrt im Zug mit Dampflok oder im Oldtimer-Triebwagen startet in Siena und dauert einen ganzen Tag. Der Zug fährt zu besonderen Anlässen und auserlesenen, auch ungewöhnlichen Zielen: zu den Etruskern nach Chiusi, zum Fest des Bio-Schweins in Vivo d'Orcia, zum Scialenga-Markt in Asciano, zur Sagra des Abbia-Tales in Buonconvento, zum Kastanienfest auf dem Monte Amiata, zum Markt des weißen Trüffels in San Giovanni d'Asso oder zum Käsefest in Asciano. Die Reise kann mit Wanderungen, Ausflügen, Museumsbesuchen und Degustationen kombiniert werden.
Informationen und Reservierungen:
Vacanze Senesi Tour Operator, Siena,
Tel. +39 0577 45900,
info@vacanzesenesi.it,
http://trenonatura.terresiena.it

WEITERE INFORMATIONEN

www.comunedicortona.it
www.accademia-etrusca.org
www.terresiena.it

Die Wallfahrtskirche Madonna di San Biagio vor den Toren von Montepulciano (oben); der Palazzo Comunale aus dem 15. Jahrhundert an der beeindruckenden Piazza Grande in Montepulciano (rechts unten); beim Bravio delle Botti, den historischen Wettkämpfen von Montepulciano (rechts oben).

32 Montepulciano und Madonna di San Biagio – wild und nobel

Die Perle des 15. Jahrhunderts

Südöstlich von Siena dominiert das 600 Meter hoch auf einer Kuppe gelegene Montepulciano mit wilder Schönheit die Region zwischen Orcia- und Chiana-Tal. Das Mittelalter hat der Stadt seinen Stempel aufgedrückt, ihre Ursprünge reichen aber viel weiter zurück – bis in die Zeit der Etrusker. Bereits im Jahr 715 v. Chr. wird erstmals von einer befestigten Siedlung auf dem Stadthügel berichtet.

Es sind vor allem Grenzen, die die Geschichte von Montepulciano prägen: die Wasserscheide und der strategisch wichtige Übergang vom Hügelland von Siena hinab zur Ebene des Chiana-Tales, die heiß umkämpfte Grenzlinie zwischen Siena und Florenz, das Grenzgebiet zwischen der Toskana und Umbrien … Bereits im 12. Jahrhundert gibt sich Montepulciano eine eigene unabhängige Stadtverwaltung und schließt sich Florenz an. In der Zeit des Humanismus und der Renaissance erlebt es im 15. und 16. Jahrhundert eine Blütezeit in Wirtschaft, Architektur und Kunst. 1561 wird die Stadt zum Bischofssitz ernannt und erhält gleichzeitig das Stadtrecht.

Wehrhaft und pittoresk

Eine beeindruckende Stadtmauer und kriegerische Wehranlagen umringen die historische Altstadt, die von einer eineinhalb Kilometer langen Hauptstraße, dem Corso, durchschnitten wird. Die Piazza Grande, der beeindruckende Hauptplatz und Herzstück der Stadt, kann ihre florentinischen Einflüsse nicht verbergen. Ein Musterbeispiel hierfür ist der von Michelozzo erbaute Palazzo Comunale aus dem 15. Jahrhundert. Der Palazzo Contucci gegenüber wird für den Kardinal del Monte errichtet. Neben dem eleganten Renaissance-Palast Nobili-Tarugi mit der edlen Travertin-Fassade hat im Palazzo del Capitano del Popolo das Consorzio del Vino Nobile seinen Sitz. Der faszinierende Pozzo de' Grifi e dei Leoni, der »Brunnen der Greifen und Löwen« aus dem Jahr 1520, wird Antonio da Sangallo dem Älteren zugeschrieben. Neben all dieser Anmut wirkt die Kathedrale mit ihrer unvollendeten Fassade fast etwas grob und fehl am Platz. Im Inneren aber ist allein der Hauptaltar mit dem Triptychon »Die Himmelfahrt Mariä« von Taddeo di Bartolo aus dem Jahr 1401 einen Besuch wert.

Der Edle aus Montepulciano

Der Nobile di Montepulciano zählt neben dem Brunello di Montalcino und

dem Chianti zu den drei großen Rotweinen der Toskana. Die Geschichte des berühmten Roten reicht zurück bis ins 13. Jahrhundert. 1685 preist Francesco Redi, Dichter und Arzt aus Arezzo, den Montepulciano als »König aller Weine«. Im 18. Jahrhundert wird erstmals der Namenszusatz »Nobile« festgehalten. 1937 gründen zahlreiche Weinbauern die Cantina Sociale di Montepulciano. 1966 erhält der Nobile di Montepulciano das Prädikat DOC, die kontrollierte Ursprungsbezeichnung. Und 1980 erfolgt die Krönung: Als erster Wein in Italien erhält der Nobile die kontrollierte und garantierte DOCG-Bezeichnung.
Die Rebsorte Sangiovese, hier »Prugnolo Gentile« genannt, macht mit 70 bis 100 Prozent den Löwenanteil des Weines aus. Daneben können bis zu 30 Prozent Canaiolo nero, Trebbiano und andere Rebsorten der Gegend beigemengt werden. Mindestens zwei Jahre lang muss der Wein im Fass reifen, bevor er auf den Markt kommt. Der kleinere Bruder Rosso di Montalcino kann schon nach einem Jahr genossen werden.

San Biagio – Pilgerstätte im vollendeten Renaissancestil

Wenn wir Montepulciano durch die Porta a Prato in Richtung Chianciano verlassen, stoßen wir nach wenigen Kilometern auf einen der beeindruckendsten Zentralbauten der Toskana: die Wallfahrtskirche Chiesa San Biagio. Von Antonio da Sangallo dem Älteren zwischen 1518 und 1545 erbaut, wird hier der Renaissancestil von Donato Bramante – sein nicht ausgeführter Entwurf für den Petersdom in Rom fließt hier ein – in eine kompakte architektonische Monumentalität übersetzt, die ihresgleichen sucht. Den Grundriss der Kirche bildet ein griechisches Kreuz mit fast quadratischen Ausmaßen und einer halbkreisförmigen Apsis. Das Innere spiegelt die äußere Erhabenheit wider und ist vorwiegend barock gestaltet.

BRAVIO DELLE BOTTI

Montepulciano lädt alljährlich am letzten Wochenende im August mit dem Bravio delle Botti zu einem ganz besonderen Ereignis ein. Bei diesem historischen Wettkampf treten seit über 600 Jahren alle acht Stadtteile gegeneinander an: Cagnano, Collazzi, Coste, Gracciano, Poggiolo, San Donato, Talosa und Voltaia. Der Name »Bravio« kommt von *bravium* und bezeichnet ein bemaltes Tuch mit der Ikone des Stadtpatrons San Giovanni Decollato. Ihm zu Ehren wird der Wettkampf ausgetragen.
Die Herausforderung erfordert Kraft. 80 Kilogramm schwere Holzfässer müssen auf einer 1800 Meter langen, ansteigenden Strecke quer durch Montepulciano hinauf zur Piazza Grande gerollt werden. Jeweils zwei *spingitori* rennen hinter einem Fass her, schieben um die Wette und vor allem um die Ehre ihres Stadtteils. Knapp zehn Minuten braucht der Schnellste für die Strecke. Dann erhält der Sieger in einer großen Feier für ein Jahr lang als Auszeichnung den »Bravio« für seinen Stadtteil. Historische Umzüge und eine bunte Reihe von Rahmenveranstaltungen runden die Wettkämpfe ab.

WEITERE INFORMATIONEN

www.montepulciano.com
www.consorziovinonobile.it
www.braviodellebotti.com

Küchenchef Walter Tripodi von der »Frateria di Padre Eligio« in Cetona mit frischen Produkten aus dem Klostergarten (oben); die Val d'Orcia mit Blick zum Monte Amiata (Mitte); die typischen toskanischen Bruschette, hier in der Osteria »Le Panzanelle« in Radda in Chianti (unten); die Tuffstadt Pitigliano in der Abenddämmerung (rechts).

Der Süden

Schafherde bei Sovana im heißen Spätsommer (oben); schattenspendender Kastanienhain (unten); das kleine Städtchen Sarteano liegt zwischen den Tälern der Chiana und der Val d'Orcia am Monte Cetona (rechts).

33 Monte Amiata – verzauberte Landschaft

Die höchste Erhebung der Toskana

Der Monte Amiata ist ein alter Vulkan, der seit Jahrhunderten schläft, aber noch viel Hitze und Energie in sich birgt. Von seiner turbulenten Vergangenheit zeugt ringsum eine beeindruckende Landschaft, die mit ihren markanten Tuff- und Lavasteinen und imposanten Steinformationen zwischen moosbedeckten Buchen- und Kastanienwäldern wie verzaubert wirkt.

Der Monte Amiata besticht durch seine imposante Größe, Weichheit und Weite. Beinahe lieblich streckt er im Grenzgebiet der Provinzen Siena und Grosseto zwischen dem Orcia-, Paglia- und Fiora-Tal seine Ausläufer bis in die wilde Maremma im Westen und in das sanfte Hügelland von Siena im Osten aus. Mit 1778 Metern Höhe ist der erloschene Vulkan die höchste Erhebung im Süden der Toskana. Ab 800 Meter Meereshöhe zieht sich ein grüner Waldgürtel bis hinauf zum Gipfel, von dem aus man eine herrliche Rundsicht über die Maremma, nach Siena und zum Lago di Bolsena genießt. Zwischen 290 und 180 Millionen Jahre ist der Berg alt. Besiedelt wurde das Gebiet schon in prähistorischer Zeit. Ein Zeugnis einer längst vergangenen Epoche ist die berühmte *Pittura dell'Arciere*. Die Felsmalerei mit dem Bogenschützen ziert eine Höhle auf 1738 Metern Höhe.
Der Monte Amiata ist heute ein beliebtes Mekka für Sportfans: Acht Aufstiegsanlagen mit einem Dutzend Skipisten und mehrere Langlaufloipen laden zum Wintersport ins wichtigste Skigebiet der Toskana ein. Ausgedehnte Wanderungen und Exkursionen, Bergsteigen, Radtouren und Mountainbiken stehen im Sommer auf dem Programm.
Im Parco Faunistico dell'Amiata innerhalb des Naturparks Monte Labbro in den nördlichen Ausläufern nahe Arcidosso begegnen einem Hirsche und Wölfe, Rehe und Gämsen, Wildschweine und Stachelschweine. 28 Kilometer lang ist der Rundwanderweg Anello della montagna, der wie ein Ring durch die bezaubernde Waldlandschaft rund um den Berg führt.

Mittelalterliche Dörfer und Bräuche

An die Hänge des Monte Amiata schmiegen sich alte, geschichtsträchtige Dörfer, in denen die Zeit teilweise stehen geblieben zu sein scheint. Auf einer Besichtigungstour starten wir in der Etruskerstadt Chiusi, fahren über Sarteano und Radicofani nach Abbadia San Salvatore, nach Arcidosso und Santa Fiora, nach

La Peschiera, das historische Wasserbecken an der Quelle des Flusses Fiora in Santa Fiora auf dem Monte Amiata (oben); typische Zypressen-Landschaft im Süden der Toskana (unten); im historischen Weinkeller des Restaurants »Frateria di Padre Eligio« in Cetona (rechts unten); im Herbst genießt man die köstlichen Kastanien (rechts oben).

Piancastagnaio und Castel del Piano – und streifen so die interessantesten und beeindruckendsten Ortschaften am »sanften Riesen«.
Das mittelalterliche Abbadia San Salvatore ist nach der gleichnamigen, um 750 errichteten Abtei benannt, die noch heute bestens erhalten und mit wertvollen Kunstschätzen bestückt ist. Ganz in der Nähe der Abtei befinden sich die Höhle des Bogenschützen (Grotta dell' Arciere) und das Kirchlein dell'Ermeta. Das Castello Aldobrandesco, die Burg des mächtigen Adelsgeschlechts Aldobrandeschi, beherrscht das ebenfalls über 1000 Jahre alte Dorf Arcidosso. Im pittoresken Santa Fiora lässt sich das mittelalterliche Leben anschaulich nachvollziehen. Castel del Piano ist das Zentrum des Wintertourismus. Hier kämpfen alljährlich die vier Fraktionen der Ortschaft beim historischen Turnier Palio delle Contrade um den Sieg, um Ehre und Ruhm.
Vor allem in der Weihnachtszeit lohnt sich ein Besuch in den versteckten Ortschaften. Fackelumzüge und historische Bräuche wie die Falò, ein altes Sühneritual aus vorchristlichen Zeiten, verwandeln die Gegend in den Abendstunden in eine mittelalterlich-mystische Atmosphäre.

Heilende Wasser und exklusive Bodenschätze

Zu den Reichtümern des Monte Amiata gehören seine Gewässer: Unzählige Quellen, kleine Flüsse und Seen sind über das ganze Gebiet verbreitet. Zahlreiche Thermalquellen speisen die bekannten Thermalbäder der Gegend. In den Bagni di San Filippo etwa, wo bereits die Großherzöge der Toskana Heilung und Erholung suchen, entspringen 52 Grad Celsius heiße alkalisch-schwefelige Quellen. Nicht umsonst leitet sich der Name Amiata vom lateinischen *ad meata* ab, das so viel wie »zu den Quellen« bedeutet.
Im 19. Jahrhundert entdeckt man am Monte Amiata reiche Zinnobervorkommen. In der Folge entwickelt sich schon bald der Bergbau als ein neuer Wirtschaftszweig. 1866 werden die Minen von Siele eröffnet, heute ein eindrucksvolles Beispiel einer historischen Industrieanlage. 1873 folgen die Minen von Solforate, 1879 kommen die Bergwerke in Cornacchino und zu Beginn des 20. Jahrhunderts jene in Abbadia San Salvatore hinzu. Zu deren Blütezeiten sind rund 2000 Bergleute mit dem Abbau des Zinnobers beschäftigt, aus dem Quecksilber, das »lebendige Silber«, gewonnen wird. Am Monte Amiata werden in den besten Jahren bis zu 50 Prozent der Weltproduktion abgebaut. Der wirtschaftliche Aufschwung dauert aber nur ein knappes Jahrhundert. 1976 wird die letzte Mine stillgelegt.
Für die Einheimischen ist der Monte Amiata weit mehr als ein bloßer Berg. In seinen dichten Wäldern verbergen sich viele Geheimnisse, wertvolle Schätze und überlieferte Weisheiten, die die Bevölkerung jahrhundertelang prägen. Wald- und Holzarbeiter, Köhler und schließlich Bergleute schreiben hier Geschichte und finden in den Wäldern und Tiefen des Monte Amiata die Quellen ihres Lebens. Die arme Landbevölkerung lernt im Lauf der Jahrhunderte die Kunst des Überlebens – sie weiß mit dem auszukommen, was die Natur und die Landschaft bieten

und diese Produkte zu veredeln. Kastanien, Pilze und Wildkräuter, Käse, Wurstwaren und Olivenöl gehören noch heute zu den Grundprodukten der bäuerlichen Küche.

Kastanien, Käse und Wein

Die Kastanien bilden seit jeher eine wichtige Ressource des Gebietes. Heute mit der geschützten Ursprungsbezeichnung DOP versehen, dienen sie der Bevölkerung jahrhundertelang als wichtiges Grundnahrungsmittel. Eng mit der ländlichen Tradition verbunden ist auch der Käse. Der Schafskäse Pecorino dell'Amiata kommt aus der westlichen Gebietshälfte. Zu einem der besten Käse Italiens wird der Pecorino aus der Siena zugewandten Seite gezählt. Zur Käserei Caseificio di Val d'Orcia in Contignano pilgern Liebhaber von nah und fern, um einen der Schafskäse zu erwerben, die in den Tuffgrotten in Asche oder Kastanienblättern reifen.

Eine kulinarische Besonderheit ist auch die autochthone Schweinerasse Cinta Senese, die bis vor einigen Jahren vom Aussterben bedroht war. Die meist freilebenden Tiere der wiederentdeckten edlen Zuchtrasse bilden die Grundlage für erlesene Schinken und Wurstwaren, den *capocollo*, die *soppressata* und die *finocchiona*. Von der örtlichen Speisekarte nicht wegzudenken sind zudem Pilze. Die schmackhafte, würzige Pilzsuppe *zuppa di funghi* gehört zu den klassischen Gerichten am Monte Amiata.
Große Bedeutung besitzen darüber hinaus Olivenöl aus den tieferen Lagen – und Wein. Das Gebiet ist in fünf Anbauzonen mit kontrollierter Ursprungsbezeichnung DOC aufgeteilt. Besonders bekannt sind die DOC Orcia in der Provinz Siena und die DOC Montecucco in Grosseto. Trebbiano bianco und Vermentino spielen bei den weißen Rebsorten die Hauptrolle, der Sangiovese bei den roten Rebsorten.

BERGBAUGESCHICHTE IN ABBADIA SAN SALVATORE

Die über hundertjährige Bergbautradition am Monte Amiata lebt im Bergbaumuseum von Abbadia San Salvatore fort. Im Uhrturm, der Torre dell'Orologio, werden die verschiedenen Methoden des Zinnoberabbaus und der Quecksilberherstellung, die Geologie des Gebietes, die Geschichte des Bergbaus sowie der einstige Alltag der Bergwerksarbeiter anschaulich dargestellt. Besonders spannend sind anschließend die Rundgänge in den alten Stollen der Ebene VII des Bergwerkes. Mit etwas Glück leitet einer der ehemaligen Bergarbeiter selbst die Führung durch das Bergwerk, erzählt vom harten Leben und den vielen Gefahren, aber auch von Zusammenhalt, dem reichen Brauchtum rund um den Bergbau und dem bescheidenen wirtschaftlichen Aufschwung in der Gegend. Das Museum ist täglich vom 15. Juni bis zum 1. November von 9.30 bis 12.30 Uhr und von 15.30 bis 18.30 Uhr geöffnet.

WEITERE INFORMATIONEN

www.terreditoscana.net
www.museuminerario.it
www.termebenessere.terresiena.it
www.caseificiovaldorcia.com

Hinterhof mit Treppenhäusern und den typischen Blumenkübeln in Pitigliano (oben); Weinhandlung in Pitigliano: Für einen guten Tropfen ist immer Zeit! (unten); beeindruckender Blick auf die Tuffsteinoase Pitgliano (rechts unten); die Stadt unter der Stadt: verzweigte unterirdische Gänge, tiefe Keller, Ställe und Gräber prägen das verborgene Pitigliano (rechts oben).

34 Pitigliano – die Stadt aus Tuff

Traum oder Wirklichkeit?

Wer auf der Staatsstraße 74 das Santuario della Madonna delle Grazie erreicht, der kann nicht anders und muss angesichts des schier unglaublichen Szenariums einfach anhalten. Mancher mag an eine Fata Morgana glauben, doch darf man seinen Augen ruhig trauen: Was majestätisch und wie natürlich aus den gewaltigen, steilen Tuffsteinfelsen zu wachsen scheint, sind die Häuser von Pitigliano.

Jahrtausende dauernde Erosionen und die Flüsse Meleta und Lente haben die Landschaft geformt und die imposanten Felsformationen inmitten einer hügeligen grünen Weite entstehen lassen. Auf dem Felsplateau breitet sich halbmondförmig die aus Tuffsteinen gebaute Stadt aus. Man muss schon genau hinsehen, um in der großartigen Kulisse die Bauwerke der Menschen von denen der Natur zu unterscheiden.
Bereits in der Bronzezeit, zwischen 2300 und 1000 v. Chr., ist die Felsenkuppe besiedelt. Um 800 v. Chr. erreichen Etrusker das Gebiet und bauen hier in der Folge eines der bedeutendsten Zentren der etruskischen Kultur und Geschichte auf. Auf Schritt und Tritt trifft man in der Region auf mannigfaltige Spuren dieser großen und doch so geheimnisumwitterten Epoche.
Ab dem 1. Jahrhundert v. Chr. sind die Römer an der Reihe, und im Mittelalter wechseln sich die toskanischen Adelsgeschlechter in der Herrschaft ab. Zuerst sind es die Grafen Aldobrandeschi, die Herren der gesamten Maremma, dann folgt das mächtige Geschlecht der Orsini, das 1410 das Zentrum seiner Grafschaft nach Pitigliano verlegt. 1604 schließlich übernimmt Ferdinand I., Großherzog der Toskana, das Ruder.

Etruskische Gräber und Weinkeller

Noch heute scheint in den engen und verwinkelten Gassen von Pitigliano die Zeit im Mittelalter stehen geblieben zu sein. Der besondere Zauber des Städtchens erschließt sich hier, wo sich seit Jahrhunderten kaum etwas verändert hat. Jede Epoche hat ihre Spuren hinterlassen, die etruskische und die römische genauso wie das Mittelalter. Und jedes Volk hat hier im Tufffelsen gegraben und seine Stadt unter der Stadt hinterlassen. Weitverzweigte unterirdische Gänge und Grotten, tiefe Brunnen, Keller, Ställe und Gräber prägen das verborgene Pitigliano. Viele Gräber aus der Zeit der Etrusker werden heute als Keller genutzt. Eine Wanderung durch die Vie Cave, die Wege durch den Steinbruch unterhalb

der Stadt, wird zu einer beeindruckenden Entdeckungsreise in längst vergangene Zeiten.

Nicht bloß spannende Geschichte

Der Palazzo Orsini aus dem 14. Jahrhundert ist das mächtigste Bauwerk der Stadt und erinnert an die Herrschaft jener Familie, aus der gleich drei Päpste hervorgegangen sind. Heute sind hier ein Archäologiemuseum und das Museum für Kirchenkunst untergebracht. Auf dem Platz hinter dem Palazzo öffnet sich ein herrlicher Ausblick und steht die mit fünf Rundbögen geschmückte Fontana Medicea. Ein Aquädukt aus dem 16. Jahrhundert überspannt mit majestätischen Bögen aus Tuffstein den alten Wassergraben. Vom Platz zweigen drei parallele Straßen in das Städtchen ab. Die Hauptstraße führt zur Kathedrale, die im 17. Jahrhundert mit barocken Strukturen ausgeschmückt wurde. Neben der Kathedrale steht das weltliche Wahrzeichen, der Glockenturm. Ganz in der Nähe befindet sich die Kirche San Rocco, die bereits 1274 als Chiesa di Santa Maria erwähnt wird und wohl die älteste Kirche von Pitigliano sein dürfte. Das Stadttor Porta di Capisotto schließlich führt hinaus in Richtung Sovana.
Höchste Zeit, in einer der netten Trattorien und Osterien von Pitigliano auf ein erfrischendes Glas Wein und eine kleine Stärkung einzukehren. Die Hosteria del Ceccottino ganz in der Nähe der Kathedrale etwa lädt zu einer authentischen, tief in der jüdischen Tradition verwurzelten Küche ein (www.ceccottino.com). Der Bianco di Pitigliano ist der erste Wein der Maremma mit der kontrollierten Ursprungsbezeichnung DOC (www.biancodipitigliano.com).

KLEIN-JERUSALEM IN DER TOSKANA

Ab dem 16. Jahrhundert siedeln sich in Pitigliano vermehrt jüdische Familien an und bilden bald eine große jüdische Gemeinde. Um 1880 sind 15 Prozent der 3000 Einwohner Juden – das Leben in der Stadt prägen sie wie schon in den Jahrzehnten zuvor entscheidend mit. Das Getto in der Via Zuccarelli erinnert noch heute anschaulich an die 500-jährige jüdische Geschichte der Stadt. Das fruchtbare Zusammenleben und Zusammenwirken von Christen und Juden hat Pitigliano als »Klein-Jerusalem« berühmt gemacht. Auch wenn es heute keine jüdische Gemeinde mehr in der Stadt gibt: Die Synagoge ist vorbildlich restauriert und kann gemeinsam mit den unterirdischen rituellen Bädern, einer koscheren Metzgerei und den Kellergewölben besichtigt werden. Sehenswert sind auch die Bibliothek und der jüdische Friedhof. In der Bäckerei Panificio del Ghetto wird ungesäuertes Brot gebacken und das jüdische Gebäck *sfratto* aus Nüssen und Honig angeboten.

WEITERE INFORMATIONEN

www.comune.pitigliano.gr.it
Museo ebraico, Sinagoga e Ghetto,
Tel. +39 0564 616006

Frühlingshafte Märchenlandschaft in der Val d'Orcia mit Blick auf den Monte Amiata.

Sorano – zwischen Pitigliano und Sovana gelegen – ist die höchstgelegene Tuffsteinstadt der Maremma (oben und unten).

35 Sorano und Sovana – Burg und Dom

Im vulkanischen Süden

Es ist nicht die typische toskanische Bilderbuchlandschaft, die den Süden der Toskana prägt. Wälder und massige Felswände beherrschen hier das Bild. Das allgegenwärtige Tuffgestein wurde vor Millionen Jahren von Vulkanen ausgespuckt.

Auf solchen teils steilen Tuffsteinfelsen sind auch die Dörfer Sorano und Sovana erbaut. Sorano – zwischen Pitigliano und Sovana gelegen – ist die höchstgelegene Tuffsteinstadt der Maremma. Über der einstigen etruskischen Siedlung thront eine hohe Festung, die sich majestätisch und wie ein gewachsener Felsen in das Landschaftsbild einfügt. Die Fortezza der mächtigen Orsini im Süden der Stadt wird als einer der sichersten Plätze in der Grafschaft Pitigliano nie eingenommen. Sie zählt zu den bedeutendsten Militärbauten der italienischen Renaissance. Das zweite herausragende Bauwerk der Stadt ist der Masso Leopoldino, ein aus einem riesigen Tuffblock gehauener Wehrturm mit Uhrturm und Glocke. In dem pittoresken mittelalterlichen Städtchen lohnt der elegante Palazzo Comitale der Orsini aus der Renaissance einen Besuch. Ein Muss sind auch die Chiesa San Rocco mit den etruskischen Grabstätten und die ausgedehnte etruskische Nekropole im Parco degli Etruschi.

Auch das nahe gelegene Sovana ist ursprünglich ein bedeutendes Zentrum der Etrusker. Danach erlebt es bis ins Mittelalter eine ähnlich wechselvolle Geschichte wie die benachbarten Städte. Ausgedehnte Renovierungsarbeiten geben heute Sovana einen besonders reizvollen Anstrich und erwecken das Mittelalter zu neuem Leben. Die im 9. Jahrhundert erbaute und später erweiterte Kathedrale zählt zu den architektonischen Schmuckstücken des Städtchens.

In der südlichen Toskana lohnen aber auch Montemerano und Manciano einen Besuch. Montemerano liegt auf einer Anhöhe, die mit jahrhundertealten Olivenbäumen bewachsen ist, und gilt als Musterbeispiel einer mittelalterlichen Wohn- und Festungsanlage. Oberhalb des mittelalterlich geprägten Dorfes Manciano wacht eine monumentale Burg, die im 15. Jahrhundert von den Herren von Siena erbaut wurde. Das Museum für Vor- und Frühgeschichte der Valle del Fiora stellt sehenswerte Fundstücke aus der Umgebung aus.

INFORMATIONEN:
www.parcodeglietruschi.it
www.comune.manciano.gr.it

36 Saturnia – schön und gesund

Heilende Schwefelquellen

Saturnia ist sicherlich eines der schönsten Dörfer der toskanischen Maremma. Seinen Ruhm verdankt die Ortschaft jedoch ihren weithin bekannten schwefelhaltigen Thermalquellen. Sie sorgen seit Jahrtausenden für Wohlstand.

Bagno Santo, das »heilige Bad« nahe dem heutigen Saturnia, ist schon vor Ankunft der Etrusker eine religiöse Kultstätte. Möglicherweise ist sie sogar der Grund dafür, dass die Neuankömmlinge in unmittelbarer Nähe ihr eigenes Saturnia und damit die erste etruskische Stadt in Italien aufbauen. Der Legende nach soll Gott Saturn selbst Saturnia als erste Stadt auf der italienischen Halbinsel gegründet haben.

Es sind dann vor allem die Römer, die für großen Aufschwung sorgen. Die vielen Reisenden und Pilger auf der nahen Via Clodia genießen auf der Durchreise die wohltuende und heilende Wirkung der Thermalwässer.

37 Grad Celsius warmes, schwefelhaltiges Wasser fließt aus der vom Monte Amiata gespeisten Quelle. Das Regenwasser reichert sich dort in einer Tiefe von 200 Metern mit Schwefel an und kommt nach 30 Kilometern in Saturnia wieder an die Oberfläche: unter anderem in den berühmten und urigen »Mühlenwasserfällen« Cascate del Mulino. In den stufenförmig angelegten natürlichen Sinterbecken kann noch heute in unkomplizierter und improvisierter Umgebung das ganze Jahr über kostenlos gebadet werden. Einzige Nebenwirkung: Der intensive Schwefelgeruch begleitet einen auch nach dem Bad noch eine ganze Weile.

Bequemer entspannen – und kurieren lassen – kann man sich in den luxuriösen Terme di Saturnia. Besonders empfohlen werden die Anwendungen bei Hauterkrankungen, Störungen des Verdauungsapparates, Kreislauferkrankungen und Entzündungen des Atmungsapparates.

Saturnia selbst lohnt ebenfalls einen Besuch. Sehenswert sind die Chiesa di Santa Maria Maddalena, im Mittelalter auf den Fundamenten eines römischen Tempels errichtet, und der Palazzo Panciatichi-Ximeses, jahrhundertelang Sitz der Regierenden des Städtchens.

Ganz in der Nähe von Saturnia liegt das Castellum Aquarum. Hier sammelten die Römer das Trinkwasser für die Bevölkerung. Das Archäologische Museum beherbergt eine Sammlung von Funden aus den Nekropolen in der Umgebung.

INFORMATIONEN: www.terme-di-saturnia.it, www.saturnia-terme.com

Semproniano bei Saturnia (oben); die Cascate del Mulino, die berühmten und urigen Mühlenwasserfälle in Saturnia (unten).

Die Küste

Nicht nur die Engel tanzen auf der Piazza dei Miracoli vor dem Schiefen Turm in Pisa (oben); die Bucht von Enfola auf Elba (Mitte); Buttari, die berühmten Maremma-Cowboys (unten); der Hafen von Lerici an der Riviera di Versilia mit Blick auf die Burganlage (rechts).

RESTAURANT GOLFO DEI POETI
ALA
ALA1

Klettern in den Apuanischen Alpen: am Pania della Croce, nahe dem Rifugio Rossi (oben); Naturpark Apuanische Alpen: der 1947 Meter hohe Monte Pisanino ist der höchste Punkt der majestätischen Kulisse (rechts unten); im wild zerklüfteten Tal des Gallicanoflusses bei Fornovalesco (rechts oben).

37 Die Apuanischen Alpen – Berge aus Marmor

Das Gebirge hinter dem Meer

Rund 400 Quadratkilometer bedecken die Alpi Apuane zwischen La Spezia und Lucca. Im nordwestlichsten Zipfel der Toskana verlaufen sie parallel zur Küste des Ligurischen Meeres, wo die mondänen Ferienorte an der Riviera Versilia liegen. Mit ihren teils schroffen Gipfeln, die am 1947 Meter hohen Monte Pisanino ihren höchsten Punkt erreichen, bilden die Apuanischen Alpen eine majestätische Kulisse.

Mit den Alpen hat die faszinierende Gebirgskette jedoch nichts zu tun. Der Name erinnert nur an die ähnliche Morphologie der Apuane und der Alpen, besteht doch das bizarr geformte Gebirgsmassiv zu einem guten Teil aus Kalkgestein. 240 Millionen Jahre alt sind die im Erdmittelalter gebildeten Gesteinsschichten. Im oberen Trias bedeckt dann ein Meer das Gebiet der heutigen Berge. Auf dessen Grund lagern sich auf einem Bett aus Tonschiefer, Sandstein und Geröll tote Tiere und organische Substanzen ab, die zu Kalkstein fossilieren. Die gute Durchlüftung des Meeres, großer Druck und hohe Temperaturen sorgen dafür, dass sich der Kalkstein im Lauf der Zeit in Marmor umwandelt. Als sich vor 60 Millionen Jahren die beiden Erdplatten von Afrika und Europa aufeinander zubewegen und in der Folge die Alpen Mitteleuropas auffalten, entstehen im Zuge dieser Entwicklung auch die Apuanischen Alpen, die nur zum Teil in den parallel verlaufenden Apennin eingebunden sind.

Menschen und Geschichte

Besiedelt wird das Gebiet der Apuanischen Alpen bereits in prähistorischer Zeit. Spuren von ersten Siedlungen stammen aus der Eisenzeit. Der Name des Gebirges verweist jedoch auf den ligurischen Stamm der Apuaner. Diese leben im friedlichen Miteinander mit den Etruskern in der Ebene von Lucca. Die Römer breiten sich in der Region erst im 3. Jahrhundert v. Chr. aus, vorher können sie den Widerstand der Bevölkerung nicht brechen.

In der Weltchronik erscheinen die Apuanischen Alpen erst wieder während des Zweiten Weltkriegs: Die deutsche Wehrmacht zieht hier ihre »Gotenstellung«, eine befestigte Verteidigungslinie, die von Massa-Carrara bis Pesaro verläuft. Auf den bewaffneten Widerstand der Resistenza und dramatische Partisanenkämpfe reagieren die Besatzer mit blutigen Vergeltungsschlägen und Bombardierungen, die viel Leid und Zerstörung in die Region bringen. Besonders erschütternd ist am 12. August 1944 das

Massaker von Sant'Anna di Stazzema: 560 Zivilisten werden in dem kleinen Dorf von der Waffen-SS ermordet.

Natur und Kultur

Die Apuanischen Alpen warten mit einer großartigen Landschaft auf, in der man auf Schritt und Tritt Spuren einer jahrtausendealten Geschichte und Kultur entdecken kann. Gute Verbindungsstraßen bringen den Besucher schnell von der Küste mitten hinein in die unvergleichliche Bergwelt mit ihrer vielfältigen Fauna und Flora. Die Grotten und Tropfsteinhöhlen unter anderem in Fornovalesco, Antro del Corchia und Equi Terme, beeindruckende Canyons und Dolinen, Karstgebilde und Schluchten zählen zu den interessantesten in ganz Europa. Erkunden lässt sich die Region beispielsweise im Rahmen der zahlreichen Veranstaltungen, Wanderungen, geführten Exkursionen und Touren, die im 1985 gegründeten Naturpark Alpi Apuane angeboten werden.

Seit Jahrhunderten leben die Menschen in den Alpi Apuane in bescheidenen Verhältnissen und von dem, was sie der Natur abringen können. Die Kastanie spielt dabei als tägliches Brot der Armen eine Hauptrolle. Getrocknet, geröstet und zu Mehl verarbeitet, bildet sie noch heute die Basis für viele typische Gerichte der Region, von Nudelgerichten über das Kastanienbrot bis zur klassischen Süßspeise *castagnaccio*. Daneben spielt der Anbau von Dinkel und alten Getreidesorten eine wichtige Rolle – und natürlich der Käse, meist Schafs- oder Ziegenkäse von den zahllosen Almen.
Von großer wirtschaftlicher Bedeutung ist seit jeher der Abbau von Mineralien und Marmor – weltberühmt ist der Marmor von Carrara. Seit einigen Jahrzehnten bringt aber vor allem der Tourismus, von der Riviera della Versilia ausgehend, Wohlstand und Einkommen auch ins Hinterland. Er trägt dazu bei, dass die Welt im Gebirge hinter dem Meer aufgewertet und neu entdeckt wird.

ZU BESUCH IN DEN ALPI APUANE

Eine Auswahl von lohnenden Zielen bei einem Besuch in den Apuanischen Alpen:

- die Tropfsteinhöhle und der Canyon Solco bei Equi Terme
- Carrara, sein Marmor und Collonnata mit seinem *lardo* (Speck)
- die beeindruckende Burg Malaspina und der Botanische Garten der Alpi Apuane in Massa
- das anschauliche Volkskundemuseum und die berühmten Steinbrüche von Michelangelo Buonarroti in Seravezza
- das archäologische Museum und die Pieve Romanica in Camaiore
- der Mufflon-Wanderweg von Pruno zur Almlandschaft von Mosceta und das Resistenza-Museum in Sant'Anna di Stazzema
- eine Wanderung auf den Monte Sumbra in Carregine
- der Klettergarten Le Rocchette in Molazzana
- die Bio-Getreidemühle aus dem 18. Jahrhundert in Fabbriche di Vallico
- das Kastanienmuseum Colognara in Pescaglia
- die Grotta del Vento in Fornovolasco
- das Zentrum der Garfagnana mit Castelnuovo di Garfagnana …

WEITERE INFORMATIONEN

www.parcapuane.it

38 Carrara – das Weiße Gold der Berge

Beeindruckende Marmorsteinbrüche bei Carrara (oben); Marmorbearbeitung in der Kunstwerkstatt von Barattini Marmi in Carrara (rechts unten); die Spezialität der Gegend: der schmackhafte Lardo di Collonnata (rechts oben).

Die Hauptstadt des Marmors

Die Altstadt von Carrara verströmt einen fast schon dekadenten Charme: Pflastersteine und Bordsteine, Blumentröge und Fassaden, Sitzbänke, Skulpturen und Brunnen sind in der einstigen Welthauptstadt des Marmors größtenteils aus dem edlen Material geformt. Und von den steilen Felshängen rundherum leuchten die weißen Marmorsteinbrüche wie Schneeflecken in der Landschaft.

Hundert Meter über dem Meer liegt das historische Carrara am Fuß der Apuanischen Alpen geschützt an den Ufern des Flusses Carrione. Von dort führt der Viale XX Settembre in einer kilometerlangen Geraden hinunter ans Meer bis nach Marina di Carrara, das sich mittlerweile nahtlos an Carrara anschließt.
Ein zwangloser Spaziergang durch die Altstadt wird zum Erlebnis. Von der zentralen Piazza Matteotti führt der Weg über die Via Roma zur Accademia delle Belle Arti. Elisa Baciocchi Buonaparte, Napoleons älteste Schwester, hat hier im ehemaligen Palazzo Malaspini der Herren von Carrara die 1769 gegründete Bildhauerschule in einem würdevollen Rahmen untergebracht.
Über die Via Santa Maria, eine der ältesten und charakteristischsten Straßen der Stadt, spazieren wir weiter zum Dom aus dem 11. bis 13. Jahrhundert. Zur Gänze mit Marmor verkleidet, romanisch im unteren Teil und gotisch im restlichen, fasziniert seine vordere Fassade mit einer herrlichen, aus Marmor gehauenen Rosette. Schlicht und doch beeindruckend monumental präsentiert sich der Innenraum. Im nahen historischen Ortskern liegt die noble Piazza Alberica. In der Mitte des leicht abfallenden Platzes mit den eingelegten Marmorplatten steht das Denkmal für Maria Beatrice d'Este, Erzherzogin von Österreich und Herzogin von Massa und Carrara.
Einen Besuch lohnt zudem das Marmormuseum in der Viale XX Settembre, wo alle Aspekte der Marmorgewinnung und -verarbeitung anschaulich dargestellt werden.

Der Steinbruch

Bereits die Römer bauen hier in der Gegend Marmor ab. Sie gründen etwas nordöstlich 177 v. Chr. die Stadt Luni. Carrara selbst – der Name ist keltischen Ursprungs und bedeutet so viel wie »Steinbruch« – wird erstmals 963 als »curtis de Cararia« erwähnt. Seit dem 12. Jahrhundert gibt es Belege für den Marmorabbau in Carrara selbst. Ihren Höhepunkt erlebt die Marmorwirtschaft

im 18. und 19. Jahrhundert: Bis zu 10 000 Arbeiter schuften in jener Zeit unter härtesten Bedingungen in den Steinbrüchen. Carrara wird zu einem führenden Zentrum der Marmorverarbeitung. 1815 konstruiert Giuseppe Perugi die erste wasserbetriebene Steinsäge für Naturstein, 1895 wird hier die erste mit einem Dieselmotor betriebene Seilsäge mit Spiraldraht entwickelt. Die erste Marmor-Eisenbahn zu den Steinbrüchen wird 1876 von einem Belgier gebaut. Die wirtschaftliche Krise während der beiden Weltkriege kann die Stadt durch den anschließenden weltweiten Bauboom wieder überwinden. An ihre alten Glanzzeiten kann sie jedoch nicht mehr anschließen.

Heiß begehrter Stein

Der Marmor aus Carrara entstand vor etwa 30 Millionen Jahren bei der Bildung der Apuanischen Alpen und zählt seit vielen Jahrhunderten zu den bekanntesten und gefragtesten der Welt. Sei es beim Dom von Florenz oder im Petersdom in Rom, beim Campanile in Pisa oder beim ehemaligen World Trade Center in New York, an der Finlandia Hall in Helsinki oder am Grande Arche de la Défense in Paris – überall spielt der weiße Marmor aus Carrara seine Rolle. Berühmtheit erlangt der Stein bereits in der Renaissance durch Michelangelo Buonarotti, der aus dem Marmor Meisterwerke wie den *David* und die *Pietà* schneidet.

Von Steinbruch zu Steinbruch unterscheiden sich sowohl die Güte des Carrara-Marmors als auch seine Farbe. Diese kann vom strahlenden Weiß bis zu einer leichten Marmorierung mit edlen Grau- oder Grüntönen reichen. In über 50 verschiedenen Qualitäten gelangt der Stein in den Handel, um zu Denkmälern, Skulpturen und Gebrauchsgegenständen verarbeitet, für die Verkleidung von Badezimmern, für Böden und Fassaden genutzt zu werden.

STEIN UND SPECK AUS COLLONNATA

Gut acht Kilometer oberhalb von Carrara liegt bei Collonnata in 530 Metern Höhe die Cava Gioia, der größte Steinbruch der Apuanischen Alpen. In der Umgebung wird in rund 40 Steinbrüchen auf einer Fläche von 500 Hektar Marmor vor allem in den Qualitäten *Ordinario* (weißlich), *Vernato* (weiß) und *Bardiglio* (bläulich) abgebaut. Zu Fuß erreicht man von Collonnata aus auch den römischen Steinbruch Fossacava. In Collonnata selbst siedeln schon zur Römerzeit die Arbeiter aus den Steinbrüchen. Enge Gassen, die dicht aneinandergeschmiegte alte Häuser säumen, prägen den kleinen Ort. Collonnata ist aber nicht nur für seinen Marmor, sondern auch und vor allem für seinen Lardo di Colonnata bekannt. Einst fettreiches Grundnahrungsmittel für die harte Arbeit der Bergleute, hat er sich heute zur zarten Delikatesse entwickelt. Seit über einem Jahrtausend legt man für den *lardo* Schweinerückenspeck schichtweiße mit Kräutern, Knoblauch und verschiedenen Gewürzen in Marmortrögen ein, wo er sechs bis zehn Monate reift. Hauchdünn geschnitten auf einem gerösteten Stück Weißbrot: ein wahrer Genuss.

WEITERE INFORMATIONEN

www.aptmassacarrara.it
www.turismomassacarrara.it

Carrara
Marina di Carrara
Massa
Grotta del Vento
Marina di Massa
Parco naturale regionale delle Alpi Apuane
Forte dei Marmi
Viaréggio
Torre del Lago Puccini
Lucca
39
Riviera della Versilia
Lago Massaciúccoli
A 12
Pisa
Marina di Pisa
Cáscina

39 Riviera della Versilia – die noble Küste

Breite Sandstrände und heiße Nächte

Knapp 20 Kilometer zieht sich die klassische Riviera della Versilia am Tyrrhenischen Meer im Nordwesten der Toskana entlang. Von Torre del Lago Puccini bei Viareggio im Süden bis nach Marina di Massa im Norden erstrecken sich ohne Unterbrechung breite Sandstrände, reihen sich die Strandbäder auf und tummeln sich Prominente im berühmten heißen Nachtleben. Ohne Zweifel gehört die Versilia zu Italiens Vorzeigeküsten.

Schmucke Badehäuser am Strand von Forte dei Marmi (oben); Urlaubsstimmung mit Strandhotels am Strand von Marina di Massa (rechts oben); Rettungsboot am Strand von Viareggio (rechts unten).

Eigentlich ist an der Versilia alles ein bisschen anders als im Rest der Toskana. Das fängt schon beim örtlichen Dialekt an, der sich sehr stark von dem unterscheidet, der im benachbarten Lucca gesprochen wird. Dann sind es die bizarren Gegensätze dieser außergewöhnlichen Küstenlandschaft, die die Region prägen. Östlich des schmalen Küstenstreifens ragen die beeindruckend steilen Bergketten der Apuanischen Alpen in den Himmel. Im Sommer bieten sie bei 40 Grad Hitze ein wahrlich faszinierendes Bild, wenn so manche Felswände in strahlendem Weiß wie mit Schnee bedeckt zu den überfüllten Sandstränden herableuchten. Für Familien mit Kindern ist die Region mit den flach ins Meer abfallenden Sandstränden besonders gut geeignet. Und ihren Namen hat die beliebte Riviera vom Fluss Versilia, der durch die angrenzenden Ortschaften fließt.

In römischen Zeiten ist das Gebiet der Fosse Papiriane von Pisa bis Massa ein einziger großer Sumpf. Auch die mittelalterlichen Reisen auf der im Hinterland vorbeiführenden Via Francigena sind kein bloßes Vergnügen. Bequemer erreicht man die Versilia heute über die 1972 fertiggestellte Autobahn A12, über die Staatsstraße 1 Via Aurelia oder mit der Eisenbahn. Direkt am Strand entlang führt der Viale Litoraneo von Viareggio nach Forte dei Marmi. Den Übergang von einer Touristenhochburg zur nächsten merkt man nur an den Ortsschildern. Ansonsten ist der Küstenstreifen ununterbrochen und nahtlos mit Privatvillen, Hotels, Strandbädern, Vergnügungsparks, Bars und Restaurants verbaut. Unterhaltung und Vergnügen sowie lange Nächte stehen hier bei den Touristen aus aller Welt im Mittelpunkt. Kulturangebote rund um die Uhr, etwa die Puccini-Festivals in der großen Freiluftarena in Torre del Lago, Konzerte, Strandfeste und berühmte Diskotheken wie das historische Bussola di Focette in Marina di Pietrasanta und die Capannina di Franceschi in Forte dei Marmi üben eine ungeheure Anziehungskraft aus.

Am Strand und vor der Küste von Viareggio (unten und oben); bekannt ist Viareggio für seine historischen Karnevalsfeiern, die auf das Jahr 1873 zurückgehen (rechts).

Elegantes Viareggio

Beginnen wir unsere Reise durch die Riviera della Versilia ganz im Süden, wo Viareggio seinen unverkennbaren Charme verströmt. Gebaut wurde die Stadt mit heute 65 000 Einwohnern mit einem klaren, vordergründigen Ziel: als mondänes Erholungs-, Urlaubs- und Vergnügungszentrum. Das Leben spielt sich hier am Lungomare ab, an der knapp drei Kilometer langen, grandiosen Strandpromenade. Ein Strandpavillon reiht sich an den anderen, eine Villa an die nächste. Jugendstil und Klassizismus prägen in den meisten Fällen das Bild. Besonders sehenswert sind das 1920 im Stil der Neorenaissance erbaute Supercinema mit Keramikdekorationen von Galileo Chini, das aus Holz gebaute Chalet Martini, das als Einziges den großen Brand von 1917 überlebt hat, das Gran Caffè Margherita von 1929, das Bagno Balena im charakteristischen Art-déco-Stil und viele mehr. In Viareggio verbringen schon seit Jahrhunderten Künstler und Adlige ihre Ferien: Eleonora Duse, Gabriele D'Annunzio, Pirandello, Mascagni und Puccini, Grazia Deledda und Leoncavallo sind nur einige der berühmten Persönlichkeiten.

Bekannt ist Viareggio aber auch für seine historischen Karnevalsfeiern, die auf das Jahr 1873 zurückgehen. Die ausgelassenen und grandiosen Umzüge, an denen die ganze Stadt enthusiastisch mitwirkt, gehören neben jenen in Rio de Janeiro zu den größten der Welt. Damit es aber nicht nur einmal im Jahr etwas zu feiern gibt, hat Viareggio gleich auch noch einen Sommerkarneval ins Leben gerufen – zur großen Gaudi der vielen Sommertouristen.

Einige Kilometer südlich von Viareggio liegt in der Nähe des Naturparadieses Lago di Massaciùccoli der beliebte Ausflugsort Torre del Lago Puccini. Giacomo Puccini verbrachte dort in seiner Villa seine letzten Lebensjahre vor seinem Tod im Jahr 1924 und komponierte in dieser Zeit einige seiner großen Werke. Das Museo Villa Puccini lädt zur Besichtigung ein, die Freilichtbühne daneben zu den alljährlichen Puccini-Festspielen.

Camaiore und sein Lido

Der Fosso dell'Abate bildet die Grenze zwischen Viareggio und Camaiore. Lido di Camaiore, der moderne Badeort von Camaiore, reiht sich mit seinen vielen grünen Parkanlagen, Villen, Hotels und Badeeinrichtungen nahtlos in die Riviera della Versilia ein. Camaiore selbst liegt zwischen Obstplantagen und Gemüsefeldern im Hinterland, durch sanfte Hügel vom Meer geschützt. Hier lassen sich

schon im 8. Jahrhundert Benediktinermönche nieder, gründen das Kloster San Pietro und werten die Landwirtschaft auf. 1255 erhält die Stadt ihre Stadtmauern und Befestigungsanlagen. Die Pfarrkirche aus dem Jahr 1278 überzeugt mit ihrer klaren, romanischen Prägung. Im Palazzo Tori-Massoni residiert ein städtisches archäologisches Museum.
Die beiden Gemeinden Stazzema und Seravezza bilden das Herz der Alta Versilia, des höher gelegenen Küstenstreifens an den Hängen der Alpi Apuane. Abseits vom geschäftigen Treiben an den Stränden spielen hier Natur und Kultur, Geschichte und Tradition die Hauptrollen. Vom 439 Meter hoch gelegenen Stazzema startet eine ganze Reihe von schönen Wanderwegen in die großartige Landschaft der Apuanischen Alpen. Viele Touren beginnen aber auch in Seravezza, das etwas weiter nördlich an den beiden Flüssen Serra und Vezza liegt.

Pietrasanta – das kulturelle Zentrum

Vorbei an Le Forcette mit der berühmten Diskothek Bussola kommen wir nach Marina di Pietrasanta. Im Ortsteil Fiumetto ist der 80 Hektar große Parco della Versilia mit alten Baumbeständen und mediterranem Buschwald ein wertvolles Überbleibsel der antiken Macchia Marina. Im einmaligen Ambiente der 1886 von Renato Fucini erbauten Villa La Versiliana, in der einst Gabriele D'Annunzio seine Ferien verbrachte, findet jeden Sommer das Festival La Versiliana mit Theateraufführungen, Lesungen und Ausstellungen statt. Pietrasanta ist das kulturelle Zentrum der Versilia. In den nahe gelegenen Steinbrüchen arbeiten schon im Mittelalter Brunelleschi und Donatello, später Michelangelo, und begründen die handwerkliche und künstlerische Tradition. Zahlreiche Handwerksbetriebe und Ateliers sind hier auf die Marmorverarbeitung, die Bildhauerei und die

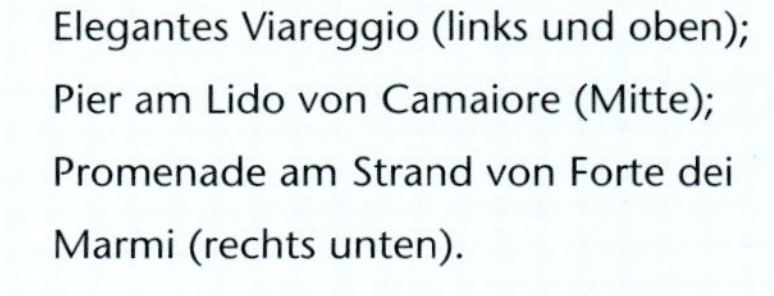

Elegantes Viareggio (links und oben); Pier am Lido von Camaiore (Mitte); Promenade am Strand von Forte dei Marmi (rechts unten).

In der Altstadt von Pietrasanta (oben) und Blick auf die Stadt (unten); Marmorbearbeitung und Marmorskulpturen in einem Atelier von Pietrasanta (rechts und rechte Seite unten); Stimmung am Lago Puccini (rechte Seite oben).

Herstellung von kunstvollen Mosaiken spezialisiert. Zahlreiche Bildhauer und Künstler aus aller Welt verbringen in Pietrasanta immer wieder Arbeitsaufenthalte. Ihre Skulpturen und Kunstwerke schmücken und bereichern das gesamte Stadtbild.

Die Stadt selbst wird von Luccas Stadtvorsteher Guiscardo Pietrasanta 1255 zu Verteidigungszwecken gegründet und präsentiert sich noch heute in mittelalterlichem Kleid: mit intakter Stadtmauer aus dem 14. Jahrhundert, Stadttoren und der Rocca di Sala am oberen, spitz zulaufenden Ende der Stadt. Die einstige Via Francigena – heute Via Mazzini und Via Garibaldi – führt gerade durch die Stadt hindurch. Durch die Porta Pisana, mit den Resten der Rocca Arrighina zur Linken, kommen wir auf den weit auslaufenden, unregelmäßigen Domplatz. Zu sehen sind hier der Dom zum Heiligen Martin mit rotem Kirchturm und Baptisterium, der Uhrturm, der Palazzo Moroni aus dem 15. Jahrhundert, Sitz des örtlichen Archäologiemuseums, die ehemalige Kirche San Agostino, deren angeschlossenes sehenswertes Museo dei Bozzetti Entwürfe und Kunstmodelle von Künstlern des 19. Jahrhunderts zeigt, und das Denkmal von Leopold II., Großherzog der Toskana und Erzherzog von Österreich.

Im Ortsteil Valdicastello steht das Geburtshaus des Schriftstellers und Dichters Giosuè Carducci (1835–1907), der 1906 den Literaturnobelpreis erhält.

Forte dei Marmi

Forte dei Marmi ist die touristische Hochburg und das mondäne Zentrum der Riviera della Versilia. Errichtet wird der

Ort rund um den weit ins Meer hinausgebauten Pontile aus dem 15. Jahrhundert. An dem Landungssteg wird der Marmor aus der Umgebung verladen. Ab 1788 wird der Hafen durch die Befestigungsanlage Forte dei Marmi geschützt, die unter Großherzog Leopold I. an der heute zentralen Piazza Garibaldi erbaut wird. Adelige aus halb Europa, Diplomaten und Wirtschaftskapitäne, Künstler und Prominente bauen im Lauf der Jahrhunderte in den großzügig angelegten Parkanlagen ihre Villen und Ferienhäuser. Im Ortsteil Roma Imperiale sind in der Via Nizza vor allem die Villa Ravano von 1930 und das Villino von Carlo Carrà von 1928 sehenswert, im Viale Morin die Villa Apuana mit Dekorationen von Adolf von Hildebrand und die Villa Vittoria von 1937. Am anderen Rand von Forte dei Marmi liegt die wunderschön angelegte Gartenstadt Vittoria Apuana. Nördlich davon liegt Cinquale an der geografischen Grenze der Versilia.

Marina di Massa und Marina di Carrara

Marina di Massa und Marina di Carrara sind die nördlichsten Badeorte der toskanischen Riviera vor dem Übergang nach Ligurien. Hier starten die ersten Bonifizierungsmaßnahmen zur Entwässerung der Sümpfe erst im 15. Jahrhundert – in großem Stil abgeschlossen werden sie jedoch erst zwischen 1843 und 1845. Ab diesem Zeitpunkt beginnt allmählich die Besiedelung, im späten 19. Jahrhundert der lokale Tourismus.

Massa und Carrara gehen heute städtebaulich ineinander über und bilden auch politisch als Provinz eine Einheit. Im Mittelalter wird Massa wegen seiner herrlichen, mit Sgraffiti verzierten Paläste »città picta« – »bemalte Stadt« – genannt. In seinem Zentrum duften Orangenbäume auf der Piazza degli Aranci, die von Napoleons Schwester, Großherzogin Elisa Baciocchi, neu gestaltet wird. Der Palazzo Cybo Malaspina aus dem 17. Jahrhundert krönt den Platz an seiner Südseite mit seiner wunderschönen Fassade in barocker Manier und reich verziert mit Balkonen und Büsten. Am Ende der Via Dante Alighieri steht die Kathedrale der Heiligen Petrus und Franziskus aus dem 15. Jahrhundert mit der modernen Fassade von 1936. Hier liegen die Grabmäler der Cybo Malaspina, der Herzöge von Massa. Die Sakraments-Kapelle schmückt sich mit einem Fresko von Pinturicchio. Das beeindruckende Castello dei Malaspina aus dem 15. Jahrhundert thront inmitten der Stadt majestätisch auf einem Hügel am Fluss Frigido. Wie Carrara ist Massa eine wichtige Industriestadt und Hauptschauplatz für den Marmorabbau in der Gegend.

GIACOMO PUCCINI – VILLA UND FESTIVAL

Ein beliebtes Ausflugsziel an der Riviera della Versilia ist Torre del Lago Puccini. In dem Ort baut sich einst der Komponist Giacomo Puccini (1858–1924) eine Villa, in der er einen Teil seines Lebens verbringt. Torre liegt am malerischen Lago di Massaciùccoli, einem kleinen Naturparadies mit weißen Pappeln und Eukalyptusbäumen. Der See ist ein Überbleibsel der großen Lagune, die bis ins Mittelalter den Hafen von Pisa bildet. Kurz vor seinem Tod schreibt Puccini im November 1924 in sein Tagebuch: »Ich komme immer hierher und fahre mit dem Boot auf Vogeljagd … aber einmal möchte ich hierher kommen und eine meiner Opern unter freiem Himmel genießen … .« Der Traum des berühmten Opernkomponisten geht schon wenige Jahre später in Erfüllung. 1930 findet auf einer Seebühne das erste Puccini-Festival statt, das dank seiner beeindruckenden Szenerie jährlich Tausende von Opernliebhabern aus aller Welt anlockt. Das Museo Villa Puccini kann ganzjährig besichtigt werden.

WEITERE INFORMATIONEN

www.vacanzeinversilia.com
www.puccinifestival.it
www.giacomopuccini.it
www.laversilianafestival.it

Ein einzigartiges Schauspiel: auf dem Campo dei Miracoli in Pisa mit dem Dom Santa Maria Assunta (oben); Mosesstatue im Arkadenhof des Bischöflichen Palasts (unten); eines der beliebtesten Fotomotive der Welt: der Schiefe Turm von Pisa (rechts).

40 Pisa – das Wunder des Campo dei Miracoli

Die schiefe Stadt

Nicht nur der spektakuläre Turm steht schief in Pisa, auch eine stattliche Anzahl von Kirchen, Palästen und Türmen hat sich im Lauf der Jahrhunderte leicht geneigt. Die Touristen aus aller Herren Länder haben aber meist nur ein Ziel: den berühmtesten Turm der Welt auf dem Campo dei Miracoli. »Feld der Wunder« heißt Pisas religiöses Zentrum wörtlich übersetzt.

Piazza del Duomo, »Domplatz«, ist die offizielle Bezeichnung für den Campo dei Miracoli. Seit 1987 gehört er zum Weltkulturerbe der UNESCO. Dom, Baptisterium, der Friedhof Camposanto Monumentale und eben der Glockenturm, der Schiefe Turm von Pisa, bilden das einheitliche Wunderwerk dieses einzigartigen Platzes. Die Bezeichnung »Campo dei Miracoli« geht auf Gabriele D'Annunzio, vielleicht sogar auf Dante Alighieri zurück.

Uralte Stätte der Religiosität

Einzigartig ist allein schon die Lage des Geländes. Normalerweise bildet das religiöse Zentrum einer Stadt gleichzeitig auch ihren Mittelpunkt. Nicht so in Pisa. Der Campo dei Miracoli liegt abseits vom Trubel des weltlichen Zentrums am nördlichen Rand der mittelalterlichen Stadt an einem Ort, der bereits den Etruskern als Kultplatz diente.
Beeindruckend ist vor allem die Weite, beinahe wäre man versucht zu sagen, die Leere des Platzes. Beeindruckend sind die Kontraste zwischen dem satten Grün der großzügig angelegten Rasenflächen und dem strahlenden Weiß des Carrara-Marmors. Beeindruckend ist vor allem aber dieser größte zusammenhängende architektonische Komplex des romanischen Europas, großartig die Harmonie und Übereinstimmung der verschiedenen Baustile, die sich hier im *romanico pisano*, in der Pisaner Romanik, vereinen: Von der Romanik bis zur Gotik finden hier die unterschiedlichsten Elemente ein fruchtbares Miteinander – mit Anleihen aus der lombardischen Bautradition und starken Einflüssen aus der orientalischen Kultur.
Es ist diese Weite, die die Macht und Größe von Dom, Baptisterium, Camposanto und Glockenturm in ihrer Einheit hervorhebt. Von der Geburt bis zum Tod umspannt der Platz symbolisch alle Etappen des menschlichen Lebens: vom Baptisterium, der Taufkirche, bis zum Camposanto, dem »heiligen Feld«, dem Gottesacker. Wohl um die Bedeutung dieses religiösen Zentrums zu unterstrei-

Gewitterstimmung am Campo dei Miracoli (oben); das Großgemälde *Triumph des Todes* im Camposanto (unten); Weltkulturerbe Dom zu Pisa in der Abenddämmerung (rechts); Museo dell'Opera del Duomo: Büsten von Nicola und Giovanni Pisano (rechte Seite unten); kitschige Souvenirs aus Pisa (rechte Seite oben).

chen, wird mit dem Bau der Stadtmauer von Pisa im Jahr 1155 gleich hier am Campo begonnen.

Der Dom Santa Maria Assunta

Im Zentrum des Domplatzes steht der Dom. 1118 wird dieses architektonische Meisterwerk zu Ehren der Himmelfahrt Mariä von Papst Gelasius II. geweiht. Seinen Bau beginnt Buscheto di Giovanni Giudice bereits 1063. Finanziert wird das Projekt durch den Erlös der Schätze, die Pisa bei der Vertreibung der Sarazenen aus Palermo erbeutet. Bis ins 14. Jahrhundert hinein dauern die Bauarbeiten am Dom, der bereits 1595 nach einem verheerenden Brand fast vollständig renoviert werden muss.

Ein auffälliges, charakteristisches Element des Bauwerks ist die elliptische gotische Kuppel, die 1380 von Lupo di Gante und Puccio di Gadduccio hinzugefügt wird. Meisterhaft ist die Fassade mit ihren drei kunstvoll gearbeiteten Bronzeportalen von Bonanno Pisano, ihren Loggien, Arkaden und Statuen. Im riesigen Innenraum mit der imposanten Kassettendecke stechen die Kanzel, zwischen 1302 und 1311 von Giovanni Pisano wundervoll dekoriert, das Grabmal Kaiser Heinrichs VII. und die Urne von Pisas Schutzpatron Ranieri als besondere Prunkstücke hervor. In der Mitte des Doms hängt ein bronzener Kronleuchter, der als »Galileos Kronleuchter« bekannt ist. Die Legende, die sich um ihn rankt, ist den Pisanern ans Herz gewachsen: Bei einer Messe lässt sich Galileo Galilei, anstatt der Predigt zu lauschen, vom schwingenden Leuchter ablenken und entwickelt seine Theorien über das Pendel. Nur schade, dass der Leuchter angeblich erst einige

Jahre nach Galileo Galileis Entdeckung angebracht wird.

Ein Hinweis am Rande: An einem Pfeiler der Außenmauer des Doms steht ein Stein mit schwarzen Punkten. Dieser »Stein des Teufels« soll vom Teufel selbst stammen. Es ist wie verhext: Wenn man die Punkte zweimal hintereinander zählt, kommt man jeweils auf ein anderes Ergebnis.

Der berühmteste Turm der Welt

Der Glockenturm des Doms ist das Wahrzeichen Pisas und das definitiv berühmteste schiefe Bauwerk der Welt. 1173 wird mit den Arbeiten des frei stehenden, 55 Meter hohen Campanile begonnen. Bereits nach Fertigstellung der vierten Ebene um 1185 neigt sich der Turm aufgrund des instabilen Untergrundes des versandeten einstigen Hafenbeckens um 90 Zentimeter. Die Bauarbeiten wer-

den ein Jahrhundert lang unterbrochen. Die restlichen vier Ebenen werden bewusst schräg konstruiert, um die Schieflage etwas auszubalancieren. Der Turm steht also nicht nur schief, sondern ist auch in sich selbst leicht gebogen. Die Glockenstube wird erst 1372 vollendet. 1992, die Neigung beträgt schon beinahe drei Meter, beginnt die Stadt mit tiefgreifenden Konsolidierungsarbeiten und schafft es nach 800 Jahren, die Lage des Turms zu stabilisieren. Seit 2001 können im Rahmen einer Führung die spiralförmig angelegten 294 Stufen des Glockenturms wieder erklommen werden.

Das größte Baptisterium

Direkt gegenüber dem Dom steht das Baptisterium. Diese größte Taufkirche der christlichen Welt wird von Diotisalvi 1152 nach dem Vorbild der Heilig-Grab-Kirche von Jerusalem begonnen und bis 1284 in mehreren Bauperioden errichtet. In der ersten, romanischen Bauphase ist sie noch dem Baustil des Doms angepasst, vollendet wird sie später jedoch im gotischen Stil. Seine charakteristische Segmentkuppel erhält das Baptisterium im Jahr 1358. Das Innere hat einen Durchmesser von 35,5 Metern und überrascht durch seine verblüffende Akustik. Worte, die auf der einen Seite geflüstert werden, werden auf der anderen Seite problemlos verstanden. Blickfang im Inneren sind die sechseckige Kanzel von Nicola Pisano aus dem Jahr 1260 und das achteckige Taufbecken.

Der Camposanto Monumentale

Mit dem Bau des rechteckigen Camposanto, dem »heiligen Feld« hinter dem Dom, wird 1278 im romanischen Stil begonnen. Abgeschlossen werden die Arbeiten um 1464 im Stil der Spätgotik und mit Elementen aus der Frührenaissance. Im Innenbereich ist der antike Friedhof der Adeligen von Pisa wie ein Kreuzgang mit Rundbogenarkaden gestaltet, der einen malerischen Hof umschließt. Als man nach starken Beschädigungen durch Bombardierungen im Zweiten Weltkrieg die wundervollen Fresken restauriert, kommen die einmaligen Vorzeichnungen, die sogenannten Sinopien, zum Vorschein. Diese sind heute im angrenzenden Museo delle Sinopie ausgestellt. Das berühmteste Werk am Camposanto ist das gigantische Fresko *Trionfo della Morte*. Der beeindruckende *Triumph des Todes* wird Buonamico Buffalmacco zugeschrieben. Hinter dem Baptisterium führt das »Löwentor« Porta Leone in der antiken Stadtmauer zum Jüdischen Friedhof. Am Campo dei Miracoli präsentiert das Museo dell'Opera del Duomo den Domschatz. Der beeindruckende Palast des Erzbischofs von Pisa ist nur wenige Schritte vom Domplatz entfernt.

BESUCHE UND EINTRITTE

Die Kathedrale S. Maria Assunta kann in den Monaten November bis Februar kostenlos besichtigt werden. In den restlichen Monaten kostet der Eintritt 2 Euro. Der Besuch von Baptisterium, Camposanto Monumentale, Museo dell'Opera del Duomo und Museo delle Sinopie kostet zu den normalen Besichtigungszeiten jeweils 5 Euro. Ein Gemeinschaftsticket für den Besuch von Kathedrale, Baptisterium, Camposanto Monumentale, Museo delle Sinopie und Museo dell'Opera del Duomo kostet 10,50 Euro pro Person.
Das Ticket zur Besteigung des Schiefen Turms kostet 15 Euro. Geöffnet ist der Glockenturm täglich von 8.30 Uhr bis Sonnenuntergang für alle ab acht Jahren und nur für Schwindelfreie. Vom 14. Juni bis zum 15. September kann der Turm auch in den Abendstunden von 20.30 bis 23 Uhr besichtigt werden. Ein besonderes Erlebnis. Für die Hauptsaison wird eine rechtzeitige Ticketreservierung empfohlen (www.opapisa.it).
Der Jüdische Friedhof kann bei freiem Eintritt besichtigt werden.

WEITERE INFORMATIONEN

piazza.opapisa.it, www.pisatour.it
www.comune.pisa.it/turismo/servizi/musei.htm

Blick über die Dächer von Pisa mit Dom und Schiefem Turm (oben); die zentrale Arno-Brücke, der Ponte di Mezzo am Lungarno Mediceo (rechts oben); nur einen Katzensprung vom Borgo Stretto (rechts unten) entfernt liegt die Piazza dei Cavalieri.

41 Pisa – jenseits des Schiefen Turmes

Schätze einer reichen Republik

Schade, dass die meisten Touristen von Pisa nur den Schiefen Turm und den Campo dei Miracoli kennen, denn es hat weitaus mehr zu bieten. In den vier historischen Vierteln an den Ufern des Arno entdecken wir auf Schritt und Tritt Spuren aus der reichen Geschichte dieser faszinierenden Stadt – aber auch die jugendliche Frische und das mediterrane Flair des modernen Pisa.

Die Geschichte des heutigen Pisa beginnt im 11. Jahrhundert. Zu jener Zeit wird die Stadt am rechten Ufer des Arno auf den Spuren des antiken Pisae aus dem 2. Jahrhundert v. Chr. erbaut. Dabei müssen sich die Pisaner vor allem gegen die Einfälle der Sarazenen aus Sizilien und Sardinien verteidigen. 1062 gelingt Pisa ein entscheidender Sieg über die Feinde in Palermo. Die Flotte der Seefahrerrepublik – der vierten Italiens neben Genua, Venedig und Amalfi – kehrt reich beladen mit Schätzen zurück. Mit dieser Beute ist der finanzielle Grundstein für den Bau des Doms am Campo dei Miracoli gelegt. Konflikte mit Genua und später mit Florenz prägen die weiteren Jahrhunderte. 1509 kapitulieren die Pisaner endgültig und überlassen den Florentinern die Macht in ihrer Stadt. Diese wiederum verstehen es, Pisa in vielerlei Hinsicht ihren Stempel aufzudrücken. 1564 erblickt Galileo Galilei, der berühmteste Sohn der Stadt, das Licht der Welt.

Dynamik zwischen alten Mauern

Heute zählt Pisa 88 000 Einwohner, ist voller Schwung und Elan. Dafür sorgen während der Semesterzeiten allein schon die 40 000 Studierenden, welche die altehrwürdige Universitätsstadt beleben. Pisa wird vom Arno in zwei Hälften geteilt und von vier historischen Stadtvierteln geprägt. Die beiden »Tramontana«-Viertel Santa Maria und San Francesco liegen am rechten nördlichen Ufer des Flusses, die beiden »Mezzogiorno«-Viertel San Martino und San Antonio am linken Arno-Ufer im Süden des mittelalterlichen Stadtzentrums.
Den Mittelpunkt der vier Stadtviertel bildet die zentrale Arno-Brücke Ponte di Mezzo. Die Steinbrücke wird um 1046 erbaut und ist bis 1182 als einziger Übergang über den Arno auch die einzige Verbindung der Stadtteile links und rechts des Flusses. Ihren Namen, »Brücke der Mitte«, verdankt sie ihrer zentralen Lage inmitten der Stadt. Nach seiner Zerstörung im Zweiten Weltkrieg wird der Ponte di Mezzo neu errichtet und

FRANCESCO ROSSI

Der Palazzo della Carovana und die Kirche Santo Stefano an der Piazza dei Cavalieri (Mitte); das Leben in vollen Zügen genießen (oben und unten); in der Trattoria »Da Bruno« (rechts oben); Spaziergang am Lungarno Mediceo (rechts unten).

mit Marmor verkleidet. Alljährlich ist die Brücke Schauplatz des wichtigsten historischen Festivals der Stadt, des »Brückenspiels« Gioco del Ponte.

Tramontana – die nördlichen Stadtviertel

Die belebte Piazza Garibaldi bildet das Zentrum der Stadt und ist zugleich das Tor zum nördlichen Pisa. Seine heutige Gestalt erhält der Platz weitgehend im 17. Jahrhundert, als dort der Palazzo del Casino dei Nobili gebaut wird. Hier beginnt Pisas Flaniermeile, der enge Borgo Stretto. Mit seinen einladenden Lauben, schönen Geschäften und ehrwürdigen Palazzi aus dem 13. und 14. Jahrhundert gehört er zu den eindrucksvollsten und lebendigsten Straßen der Stadt.
Nur einen Katzensprung vom Borgo Stretto entfernt liegt die Piazza dei Cavalieri. Hier, am einstigen weltlichen Zentrum Pisas, zeigt sich die Macht der Medici am eindrucksvollsten. Mit der Gestaltung beauftragt Cosimo I. im 16. Jahrhundert den Stararchitekten seiner Zeit, Giorgio Vasari. Der weite, unregelmäßig angelegte Platz verwandelt das alte Zentrum der Republik Pisa in einen Vorzeigeplatz für die neue Machtordnung. Aus dem Palazzo degli Anziani del Popolo di Pisa entsteht der neue Palazzo dei Cavalieri (oder della Carovana). 1810 richtet dort Napoleon die Eliteschule Scuola Normale Superiore ein. Die Statue von Cosimo I. vor dem Palast erinnert an den Bauherrn. Mit Blick auf die Vorderfront der Schule sieht man zur rechten Seite die Kirche Santo Stefano dei Cavalieri aus dem 16. Jahrhundert, links den Palazzo dell'Orologio mit dem Uhrturm auf einem Bogen zwischen zwei Palästen.

Santa Maria und Orto Botanico

Über die Viale dei Mille spazieren wir zur Via Santa Maria, einer der wichtigsten Hauptstraßen im mittelalterlichen Pisa und die direkte Verbindung vom Domplatz zum Arno. Hier finden ab dem 12. Jahrhundert die Märkte statt. Die Medici schmücken die Straße im 15. und 16. Jahrhundert mit herrlichen Palästen, in denen heute die verschiedenen Fakultäten der Universität untergebracht sind. Ganz in der Nähe befindet sich der 1543 vom Arzt und Botaniker Luca Ghini angelegte Botanische Garten, der älteste seiner Art in Europa. Auf dem knapp drei Hektar großen Gelände wachsen rund 1000 verschiedene Baum- und Straucharten, botanische Raritäten und 150 Heilkräuter.
Wechseln wir ins Stadtviertel San Francesco zur weitläufigen, mit Bäumen bestandenen Piazza Martiri della Libertà. Vom nördlichen Teil des grünen Platzes erreicht man drei Kirchen: die Dominikanerkirche Santa Caterina aus dem Jahr 1251 mit sehenswerten Werken von Andrea und Nino Pisano, die romanische Kirche Santa Cecilia, um 1103 von Kamaldolensern gegründet, und San Francesco aus dem 13. Jahrhundert – die von Giovanni di Simone erbaute Kirche gibt dem Stadtviertel seinen Namen. Im Inneren hütet sie Fresken von Taddeo Gaddi sowie am Hauptaltar eine kunstvolle Madonna mit Heiligen von Tommaso Pisani. Am äußersten Ende des Stadtviertels steht direkt am Arno der mächtige, 1583 bis 1587 erbaute Palazzo Reale. Der Palast dient als Residenz für die Medici, später für die Lothringer und die Savoyer. Heute hat das großangelegte Nationalmuseum San Matteo hier seinen Sitz. Die

archäologische Abteilung sowie die zahlreichen Meisterwerke der großen toskanischen und italienischen Künstler sind auf jeden Fall einen Besuch wert. Spazieren wir am Arnoufer, dem Lungarno Mediceo, zurück zum Ponte di Mezzo und am Lungarno Pacinotti vorbei an kunstvollen Palästen – sei es Vitelli, Lanfreducci oder Agostini – bis zum Arsenale Mediceo oder delle Galee. Zu bewundern sind hier die Reste des befestigten Arsenals der Republik aus dem 12. Jahrhundert und die beeindruckenden Backstein-Schiffswerften der toskanischen Flotte aus dem 15. Jahrhundert.

Die südlichen Stadtviertel des Mezzogiorno

Über den Ponte di Mezzo geht es hinüber zum anderen Ufer, in die Quartieri San Martino und San Antonio. Gleich bei der Brücke stoßen wir auf den Palazzo Gambacorti aus dem 13. Jahrhundert, seit 1689 das Rathaus von Pisa. Über den Lungarno Gambacorti gelangen wir zur kleinen Chiesa Santa Maria della Spina. In der hübschen Dornenkirche direkt am Flussufer wird ab 1333 für lange Zeit ein Dorn aufbewahrt, der dem Glauben zufolge aus der Dornenkrone Christi stammt. Die Reliquie ist heute in der Kirche Santa Chiara zu sehen. In Flussnähe steht auch die Kirche San Paolo a Ripa d'Arno, im 11. bis 13. Jahrhundert nach dem Vorbild des Doms von Pisa als dreischiffige basilikale Anlage über dem Grundriss eines lateinischen Kreuzes errichtet.
Der Corso d'Italia ist die Verlängerungsachse des Borgo Stretto und führt über die Piazza Vittorio Emanuele II direkt zum Hauptbahnhof von Pisa. An der Piazza Toniolo steht die Citadella Nuova, 1468 von Florenz erbaut, von Pisa zerstört und 1512 wieder errichtet. An die Zitadelle grenzen die öffentlichen Gärten des Palazzo Scotto-Corsini.

PISA FEIERN UND ERLEBEN

Zwei Feste darf man in Pisa nicht versäumen: Das berühmte »Brückenspiel« Gioco del Ponte wird seit dem 14. Jahrhundert in farbenprächtigen Kostümen gefeiert. Alljährlich am letzten Sonntag im Juni tritt die Mannschaft der beiden Tramontana-Stadtviertel auf der rechten Seite des Arno gegen das Team der beiden Mezzogiorno-Quartiere auf der linken, südlichen Stadthälfte an. Bei dem Wettkampf schieben sich die Kontrahenten gegenseitig einen sieben Tonnen schweren Wagen zu. Wer es schafft, diesen zuerst über den Ponte di Mezzo zu schieben, gewinnt.
Am Abend des 16. Juni verwandelt sich Pisa zur Luminara in ein riesiges Lichtermeer. Tausende Kerzen leuchten an den Stadtpalästen am Arnoufer. Ein einzigartiges Schauspiel. Am 17. Juni wird dann auf dem Arno die Regata di San Ranieri zu Ehren des Stadtpatrons ausgetragen.
Noch etwas für alle Motorradfans: 30 Kilometer außerhalb von Pisa zeigt in Pontedera im Viale Rinaldo Piaggio 7 das Museo Piaggio »Giovanni Alberto Agnelli« in einer ständigen Ausstellung seine Piaggio-, Vespa- und Gilera-Sammlungen.

WEITERE INFORMATIONEN

www.pisaonline.it, www.museopiaggio.it
www.amicidelgiocodelponte.it

42 Livorno – Stadt am Wasser

Hafenstadt mit Atmosphäre

Livorno ist keine klassische Touristenstadt und fehlt sicher auf der Reiseroute der meisten Toskanareisenden. Wer aber Lust hat, eine Hafenstadt mit all ihrer Dynamik, ihrem quirligen Leben, ihrer ursprünglichen Atmosphäre und mit ihrem weltoffenen Flair zu erleben, der ist in Livorno genau richtig. Eine Entdeckungsreise ist zu Wasser genauso spannend wie zu Land.

Livornos Geburtsstunde schlägt am 28. März 1577 mit der Grundsteinlegung der von Bernardo Buontalenti geplanten Stadt: ein Teil der Festungsanlagen (oben und rechts oben); das Grand Hotel Livorno (rechts unten).

Die drittgrößte Stadt der Toskana zählt knapp 160000 Einwohner, liegt 20 Kilometer südwestlich von Pisa und besitzt einen der größten und wichtigsten Häfen Italiens. Vom alten Hafen Porto Mediceo aus starten täglich die Fähren nach Elba und Sardinien, nach Korsika, Sizilien und Nordafrika. Hier legen auch die großen Kreuzfahrtschiffe auf ihren Mittelmeerreisen an.

Ihrem Hafen hat die Stadt auch ihren Aufschwung zu verdanken. 1017 wird Livorno erstmals als kleiner Fischerort und als Vorposten zur Verteidigung des Hafens von Pisa erwähnt. Als dieser mehr und mehr versandet, steigt die Bedeutung des Hafens von Livorno. In den Jahrhunderten zuvor spielt das Gebiet kaum eine große Rolle. Zu unwirtlich sind die von Malaria verseuchten, sumpfigen Küstengebiete.

Die Florentiner – Livorno wird 1421 von Genua an Florenz verkauft – bauen zwischen 1518 und 1534 das Hafenbecken und die Festung Fortezza Vecchia. Die Stadt selbst zählt in jenen Jahren nur wenige Hundert Einwohner. Um den wirtschaftlichen Aufschwung zu fördern, plant Großherzog Cosimo I. den Bau einer »idealen Stadt«. Livornos Geburtsstunde schlägt am 28. März 1577 mit der Grundsteinlegung der von Bernardo Buontalenti geplanten Stadt mit geraden Straßen, rechtwinkligen Kreuzungen, einer fünfeckigen Wallanlage mit Wassergräben – und mit Platz für 12000 Einwohner.

Kosmopolitisch und multireligiös

Die ab 1590 von Ferdinand I. erlassenen *Leggi Livornine* garantieren den Bewohnern der Stadt wirtschaftliche Privilegien, Steuerfreiheit, Immunität und vor allem Religionsfreiheit. Das Toleranzedikt sorgt für eine lebhafte Zuwanderung und lockt vor allem verfolgte Gruppen aus ganz Europa an: in der Mehrheit Juden, Griechen aus den Machtbereichen der Türkei, Katholiken aus England, vertriebene Araber aus Spanien und Portugal … Jede Gruppe organisiert sich in den »Nazioni«, baut eigene Kultstätten und entwickelt ein intensives kulturelles Leben. Livorno wird zum kosmopolitischen und multireligiösen Zentrum des Mittelalters. Ende des 18. Jahrhunderts leben in der Stadt 80000 Menschen.

Die Handschrift der Medici

Der Dom wird von 1594 bis 1607 an der heutigen Piazza Grande erbaut. Leider wird er – wie beinahe 80 Prozent der historischen Gebäude im Zentrum von Livorno – durch Bombardierungen im Zweiten Weltkrieg zerstört. In den Nachkriegsjahren baut man ihn nach Originalplänen wieder auf und errichtet 1962 gleich hinter dem Dom auf den Trümmern der zerstörten alten die neue Synagoge von Livorno.

Der Festungsgraben Fosso Reale verläuft rund um die Altstadt, die wiederum von der Via Grande in zwei Hälften geteilt wird. Diese Haupteinkaufsstraße säumen schöne Arkaden. Eindrucksvoll präsentiert sich die über 500 Meter lange Fortezza Vecchia am Porto Mediceo. Im Mittelpunkt steht der runde Wachturm Mastio di Matilde, den Mathilde von Canossa 1077 erbauen lässt. Im 14. Jahrhundert wird um den Turm die quadratische Bastion Quadratura dei Pisani angelegt. Später bauen die Florentiner die Festung zu heutiger Größe aus.

7000 Sklaven und Bauern schuften bei der Anlage der riesigen Wassergräben für die Fortezza Nuova, die Giovanni de' Medici zwischen 1590 und 1594 erbaut. Eine herrliche Parkanlage inmitten der wuchtigen Backsteinbauten bildet heute die einzige größere Grünfläche des Stadtzentrums.

Die rechteckig angelegte Piazza della Repubblica wird zwischen 1844 und 1848 angelegt. Sie gilt als breiteste Brücke Europas, überspannt sie doch in einem Bogen den Kanal Fosso Reale. Nicht weit entfernt steht der beeindruckende Cisternone, ein klassizistisches Wasserreservoir aus dem frühen 19. Jahrhundert.

VENEZIA NUOVA UND MERCATO CENTRALE

In Livorno gehört ein Besuch von Venezia Nuova zum lohnenden Pflichtprogramm. 1627 wird der Stadtteil nach dem Vorbild von Venedig zwischen der Fortezza Vecchia und der Fortezza Nuova auf dem Wasser errichtet. Mit seinen vielen Kanälen, Brücken, engen Gassen und alten Palästen präsentiert sich Venezia Nuova originell und mit besonderem Flair. Ein Spaziergang durch das Viertel wird zur spannenden Entdeckungsreise – noch mehr zu bieten hat eine Bootsfahrt durch »Neu-Venedig«.

Auch ein Besuch im 1893 erbauten Mercato Centrale lohnt sich. Der 100 Meter lange Eisen-Glas-Pavillon besticht durch seine Architektur, die vielen typischen Produkte und das lebhafte Treiben in der Markthalle. Wenige Schritte entfernt erstreckt sich an der Piazza XX Settembre der Mercatino Americano. Der einstige Schwarzmarkt der amerikanischen GIs ist heute ein aufregender Flohmarkt.

Bei alldem sollte man jedoch nicht das leibliche Wohl vergessen und sich Zeit für den Fischeintopf *cacciucco* oder die berühmten *triglie* (Rotbarben) *alla Livornese* nehmen.

WEITERE INFORMATIONEN

www.comune.livorno.it

www.provincia.livorno.it

Steile Gassen führen in Massa Marittima von der Città nuova in die Città vecchia (oben); Turmuhr in Massa Marittima (unten); Zentrum der romanisch geprägten Città Vecchia ist die dreieckige Piazza Garibaldi mit dem Palazzo Comunale (rechts oben); die Altstadt von Massa Marittima (rechts unten).

43 Massa Marittima – im hügligen Hinterland

Mit Blick auf die Maremma

Massa Marittima liegt nicht am Meer, wie sein Name vermuten lassen könnte. Den Zusatz »Marittima« haben sich in der Maremma einige Ortschaften zugelegt, die das Meer, wenn überhaupt, dann nur aus der Ferne sehen. Das gilt auch für Massa Marittima: Tatsächlich liegt das urige mittelalterliche Städtchen auf 380 Metern Meereshöhe in den Hügeln des lieblichen Hinterlands der Maremma.

Drei historische Stadtteile prägen noch heute das Bild von Massa Marittima: die Città Vecchia, der eigentliche Stadtkern, der Borgo, das ehemalige Quartier der Handwerker, und die Città Nuova, die höher gelegene Neustadt mit den Wohnvierteln der Bergarbeiter.
Der Bergbau stellt bis etwa 1970 den Haupterwerbszweig der Bevölkerung und die wichtigste Einnahmequelle der Stadt dar. Die Bodenschätze aus der nördlich von Massa Marittima gelegenen Hügelkette Colline Metallifere werden bereits in der Antike abgebaut. Etrusker und Römer wissen schon die Vorkommen an Kupfer, Silber und Eisenerz zu schätzen. Heute jedoch lohnt sich die harte Arbeit nicht mehr. Die unrentabel gewordenen Minen sind geschlossen. Ein letzter Stollen wird um 1980 zum Museum umgewidmet und der Öffentlichkeit zugänglich gemacht.

Bischofssitz und Bergbautradition

Die eigentliche Geschichte der Stadt beginnt mit der Verlegung des Bischofssitzes von Populonia nach Massa Marittima. Nach der Zerstörung Populonias durch die Sarazenen im Jahr 809 zieht sich der Bischof in das geschützte Massa im Hinterland zurück. Bischofssitz und Bergwerk tragen zum wirtschaftlichen Aufschwung bei. Als selbstständiger Stadtstaat ab 1225 erlebt Massa Marittima die Zeit seiner größten Blüte. Das erste Bergwerksgesetzbuch der Welt wird hier erlassen. An die 10000 Einwohner leben in der Stadt, die 1335 von Siena erobert wird.
Die Pest und Malariaepidemien sorgen im späten 14. Jahrhundert für einen raschen Niedergang. Die Einwohnerzahl geht im 16. Jahrhundert auf knapp 500 Personen zurück. Erst in der zweiten Hälfte des 18. Jahrhunderts beginnt mit der Wiederaufnahme der Bergbauindustrie und der Trockenlegung der Sümpfe in der Maremma ein neuer wirtschaftlicher Aufschwung. Heute ist die Bevölkerung der Stadt wieder auf die Zahlen des 13. Jahrhunderts angewachsen.

Mittelalterliches Kleinod

Zentrum der romanisch geprägten, unteren Città Vecchia ist die dreieckige Piazza Garibaldi. Hier stehen die wichtigsten Bauwerke der Stadt: der Dom, der Bischofspalast, der Palazzo Comunale und der Palazzo del Podestà sowie ganz in der Nähe der Brunnen Fonte Pubblica. Der romanisch-gotische Dom aus dem 13. Jahrhundert steht auf einem treppenförmigen Unterbau und beeindruckt mit seiner eleganten Fassade mit Arkaden und kleinen Loggien. Im dreischiffigen Innenraum finden wir bemerkenswerte Kunstwerke: ein reich verziertes Travertin-Taufbecken aus dem Jahr 1267, ein Madonnenbild von 1316, das Duccio di Buoninsegna zugeschrieben wird, und das große Rundfenster der Fassade. Es zeigt Szenen aus dem Leben des Kirchenpatrons, des heiligen Cerbonius, dessen Reliquien in der Krypta der Kathedrale bestattet sind.

Im Palazzo del Podestà aus dem 13. Jahrhundert sind das Archäologische Museum und die Pinakothek untergebracht. Der Travertin-Palazzo Comunale entsteht im 13. Jahrhundert durch die Verbindung von drei Gebäudekomplexen. Der öffentliche Brunnen Fonte Pubblica mit den drei Spitzbögen wird 1265 erbaut. Der anschließende Kornspeicher wird Palazzo dell'Abbondanza – »Palast des Überflusses« – genannt.

In der zentralen Einkaufsstraße Corso della Libertà befindet sich das Geburtshaus des Franziskanermönchs Bernardino di Siena.

In der Città Nuova lässt Siena die Festung ausbauen und die Türme mit dem Arco Senese, einem 22 Meter hohen gotischen Bogen, verbinden. Die Festung kann besichtigt werden und lohnt den Besuch wegen der wunderbaren Aussicht auf die Stadt. An der Piazza Matteotti in der Oberstadt ist im ehemaligen Waffenarsenal Palazzetto degli Armi das Museum für Bergbaugeschichte untergebracht.

BALESTRO DEL GIRIFALCO

Das historische Armbrustschießen Balestro del Girifalco findet zwei Mal pro Jahr auf der zentralen Piazza Garibaldi statt: am vierten Sonntag im Mai zu Ehren von San Bernardino di Siena und am zweiten Sonntag im August in Erinnerung an die Ausrufung des Stadtstaates von Massa Marittima am 31. Juli 1225. Ein Umzug mit historischen Kostümen und Fahnenschwingern eröffnet die Festlichkeiten. Dann treten für jedes der drei Stadtviertel jeweils acht Armbrustschützen an. Aus 36 Metern Entfernung schießen sie auf das Herz eines künstlichen Falken. Der Stadtteil mit den meisten Treffern wird mit allen Ehren zum Sieger erkoren.

Über die Grenzen Massa Marittimas hinaus lohnt sich ein Ausflug durch eine herrliche Landschaft mit Kornfeldern, Olivenhainen und Weinbergen zum zehn Kilometer entfernten Lago dell'Accesa. Der idyllische Karstsee lockt mit bis zu 40 Meter tiefem glasklarem Wasser. Ganz in der Nähe wird auf dem Hügel Macchia al Monte eine etruskische Siedlung ausgegraben.

WEITERE INFORMATIONEN

www.massamarittima.info

Önologe Leonardo Raspini im Bolgheri-Weingut Ornellaia (oben); Lichtspiele in den Barriquekellern (unten und rechts unten) sowie futuristische Kellerarchitektur (rechts oben) in den Kellern des Weinguts Petra in Suvereto.

44 Supertuscans – die neue Weinkultur

Die Erfolgsstory beginnt in der Toskana

Dass der italienische Wein heute besser denn je ist, davon sind die Fachleute überzeugt. Der radikale Wechsel der italienischen Weinwelt vom billigen Massenexportschlager und von einfachen Alltagsweinen im Großgebinde hin zu außerordentlicher Qualität und international gefragten Spitzenweinen mit Charakter und Charisma setzt in den 1970er- und 1980er-Jahren in der Toskana ein – mit den Supertuscans.

Das Weingut San Felice in Castelnuovo Berardenga im Chianti Classico legt den Grundstein für die neue Entwicklung. Weingutdirektor Ezio Morgante bringt 1968 erstmals einen Wein aus 100 Prozent Sangiovese-Trauben auf den Markt: den Vigorello. Das ist in den Produktionsvorschriften des Chianti Classico nicht vorgesehen und ein Affront in der traditionell geprägten toskanischen Weinwelt. Ein echter Chianti muss laut Gesetz aus Sangiovese und einem Anteil von mindestens zehn Prozent Weißweintrauben, wie Trebbiano Toscano oder Malvasia Bianca, gekeltert werden. Der Vigorello darf deshalb nicht als DOC-Qualitätswein mit kontrollierter Ursprungsbezeichnung vermarktet werden. Er erhält – wie in der Weingesetzgebung vorgesehen – die Bezeichnung »Vino da Tavola« als einfacher Tafelwein. Dabei ist er alles andere als ein banaler, einfacher Wein.

Das Eis ist gebrochen, und so mancher renommierte Weinproduzent in der Toskana kümmert sich in den darauffolgenden Jahren nicht mehr allzu viel um Weingesetze und Produktionsvorschriften. Was zählt, sind Qualität und die bestmögliche Interpretation des Territoriums.

Antinori – alter Weinadel mit neuen Weinen

Im Chianti-Classico-Gebiet folgt einer der ganz Großen diesem Beispiel: Marchese Piero Antinori aus dem uralten toskanischen Adelsgeschlecht, das sich bereits 1385 dem Weinbau verschreibt. 1971 bringt er seinen ersten Tignanello aus dem gleichnamigen, 57 Hektar großen Weingut auf den Markt. Der 1970 erstmals als »Chianti Classico Riserva vigneto Tignanello« etikettierte Wein erhält 1971 die Bezeichnung »*Vino da Tavola*«. Ab 1975 kommen Anteile von Cabernet Sauvignon und Cabernet Franc hinzu. Auf die klassischen weißen Rebsorten wird vollends verzichtet. Ausgebaut wird der Wein – ebenfalls gegen jede Tradition – in kleinen französischen Eichenholzfässern, den Barriques. Der Wein erregt vor allem im Ausland großes Auf-

Italiens Weinguru Angelo Gaja vor seinem Weingut Ca'Marcanda in Castagneto Carducci (oben); Trauben-Auslese während und bei der Ernte (Mitte und rechts unten); das berühmte Sassicaia-Weingut Tenuta San Guido in Bolgheri (unten); Roccalbegna bei Grosseto (rechts oben).

sehen. In angelsächsischen Landen wird für ihn schon bald der Begriff »Supertuscans« geprägt.

Die Geburtsstunde der Supertuscans

Nun geht es Schlag auf Schlag. Es vergeht kaum ein Jahr, in dem nicht neue *Vini da Tavola* auf den Markt kommen. Die meisten von ihnen sorgen noch heute für ein hervorragendes Image und bürgen für absolute Qualität. Antinori folgt 1978 mit dem Solaia, einer Cuvée aus 75 Prozent Cabernet Sauvignon, fünf Prozent Cabernet Franc und 20 Prozent Sangiovese. Bis Mitte der 1980er-Jahre werden die meisten großen »Toskaner« aufgelegt: 1980 der reinsortige Sangiovese Cepparello von Isole e Olena, 1983 der Sangiovese Fontalloro von der Fattoria di Felsina in Castelnuovo Berardenga, die Cabernet Sauvignon/Sangiovese-Assemblage Sammarco vom Castello di Rampolla in Panzano, der Sangiovese Flaccianello von Fontodi in Panzano, der Sangiovese Percarlo der Fattoria San Giusto a Rentennano, der Sangiovese Le Pergole Torte von Montevertine in Radda in Chianti, seit 1988 der Cabernet Sauvignon/Sangiovese Camartina von Querciabella in Greve in Chianti und viele mehr. Solche Weine hat Italien niemand zugetraut.

Die Chianti-Gesetzgebung hat sich mittlerweile der Realität angepasst: Die neuen DOCG-Vorschriften für den Chianti Classico sehen einen Minimumanteil an Sangiovese-Trauben von 80 Prozent vor – es können aber auch 100 Prozent sein. Bis zu maximal 20 Prozent können andere rote Traubensorten beigemischt werden, seien es einheimische wie Canaiolo und Colorino oder internationale wie Cabernet Sauvignon oder Merlot. Die weißen Sorten Trebbiano Toscano und Malvasia Bianca Lunga dürfen ab der Weinernte 2006 nicht mehr verwendet werden.

Sassicaia – eine Legende

In einer anderen Ecke der Toskana – auf einem für den Weinbau in der Toskana bisher völlig unbeschriebenen Blatt – schreiben zur gleichen Zeit zwei andere Weinbaupioniere Weingeschichte: Marchese Mario Incisa della Rocchetta und dessen Sohn Nicolò. 1945 pflanzen sie auf den steinigen Weinbergen Sassicaja in der Tenuta di San Guido in Castagneto Carducci in Bolgheri auf Empfehlung ihres Freundes Baron Rothschild Bordelaiser Rebsorten: Cabernet Sauvignon und Cabernet Franc. Zu viele Ähnlichkeiten gibt es für den jungen Marchese zwischen Graves in Bordeaux und Bolgheri in der Maremma: *Graves* bedeutet »Kies«, »Steinchen« – dasselbe wie *Sassicaja*. 1968 präsentieren die beiden ihren ersten Wein, einen Tafelwein natürlich, den sie nach seiner Lage »Sassicaia« nennen. Eine Revolution: Ein toskanischer Wein aus der unbekannten Maremma und zudem aus französischen Rebsorten erobert die Welt – und wird zum wohl bekanntesten italienischen Wein auf dem internationalen Markt. Dies ist die Geburtsstunde sowohl der Supertuscans als auch der Maremma als neues und aufstrebendes Weinbaugebiet der Toskana.

Noch ein Mann spielt bei dieser rasanten Entwicklung eine bedeutende Rolle: Giacomo Tachis. Der Schüler von Emile Peynaud und Student der Weinbauuniversitäten von Bordeaux und von

Davis in Kalifornien ist 30 Jahre lang Chefönologe bei Antinori und der eigentliche Vater von Tignanello und Solaia. Auch beim Sassicaia ist er von Anfang an federführend als Berater und Geburtshelfer mit von der Partie.

DOC Bolgheri und DOCG Morellino di Scansano

Erst 1994 wird mit der DOC Bolgheri ein Rosso zugelassen. Der Sassicaia erhält innerhalb dieser DOC einen eigenen Status: Bolgheri Sassicaia. Er ist damit der einzige Wein Italiens mit einer eigenen DOC-Bezeichnung.
Das Anbaugebiet Bolgheri DOC erstreckt sich parallel zu den Stränden der nördlichen Maremma und liegt auf dem Gemeindegebiet von Castagneto Carducci. »Bolgheri ist vor allem ein Gefühlszustand, eine Lebensart, eine seltene Atmosphäre, die man eigentlich für ausgestorben hält«, schreiben die Verantwortlichen auf ihrer Homepage. Die meist angebauten Rebsorten sind Cabernet Sauvignon, Cabernet Franc und Merlot – jene Sorten, die die Erfolgsgeschichte von Sassicaia und später des berühmten Ornellaia, des italienischen Kult-Merlots Masseto, oder jene von aufstrebenden Weingütern wie Grattamacco, Macchiole, Guado al Tasso oder Satta schreiben. Auch das große Potenzial von Syrah und Petit Verdot kommt immer mehr zum Vorschein. Und der Sangiovese hat nach wie vor viele Anhänger.
Seit November 2006 zählt auch der Morellino di Scansano zu Italiens DOCG-Weinen mit geschützter und garantierter Ursprungsbezeichnung. Die Rebsorte Sangiovese wird in der Gegend um Scansano »Morellino« genannt und erbringt außerordentlich fruchtige, gehaltvolle Rotweine mit erheblichem Alterungspotenzial. So manches renommierte italienische Weingut hat die Vorzüge der Gegend erkannt und sich in den letzten Jahrzehnten in der Maremma niedergelassen.

MONTECUCCO UND SEIN SANGIOVESE

Eines der jüngsten Weinbaugebiete der südlichen Toskana ist seit 2011 die DOCG Montecucco Sangiovese. Es ist der Wein des Monte Amiata – ein kleines, aber feines Anbaugebiet in sieben angeschlossenen Gemeinden. Weinberge auf einer Höhe von 150 bis 400 Meter, ein einzigartiges Mikroklima sowie Ernteerträge, die zu den niedrigsten Italiens zählen (maximal 70 Doppelzentner pro Hektar), bringen gehaltvolle, große Sangiovese-Weine hervor. Bereits im Jahr 2000 wird nach der DOC Montecucco auch das gleichnamige Schutzkonsortium gegründet, das aktiv und dynamisch für Montecucco und seine Weine einsteht. Die Gegend hat auch touristisch viel zu bieten: mittelalterliche Dörfer wie Roccalbegna, Arcidosso oder Castel del Piano locken ebenso wie die moderne Weinarchitektur der Kellereien Collemassari oder Pieve Vecchia. Die Wein- und Genussstraße »Strada del Vino Montecucco e dei Sapori d'Amiata« lädt mit vielen nützlichen Tipps zum Besuch ein.

WEITERE INFORMATIONEN

http://maremma.guidatoscana.it
www.bolgheridoc.com
www.consorziomontecucco.it
www.stradadelvinomontecucco.it

Portoferraio mit seinen 12000 Einwohnern ist der Hauptort der Insel Elba.

45 Elba – grüne Insel im Tyrrhenischen Meer

Magnet für Besucher aus aller Welt

Elba ist nach Sizilien und Sardinien Italiens größte Insel und ein Urlaubsziel von internationalem Ruf. Eine bezaubernde Natur, herrliche Sandstrände und steile Klippen, azurblaues, glasklares Wasser, mediterrane Macchia und mildes Klima, eigener Wein und traditionelle Gerichte, Kunst und eine jahrtausendealte Geschichte tragen das ihre dazu bei.

Faszinierende Blütenpracht mit Meeresblick auf Elba (oben); frisch gefischt: Einladung zum Mittagessen (unten); Urlaubsstimmung am Hafen von Porto Azzurro (rechts).

Elba liegt knappe zehn Kilometer vom Festland entfernt und ist direkt von Piombino aus mit der Fähre zu erreichen. Die Insel ist mit 224 Quadratkilometern Fläche die größte der sieben Hauptinseln des Toskanischen Archipels, zu dem des weiteren Giglio, Giannutri, Montecristo, Capraia, Pianosa und Gorgona gehören. Von der Punta Nera im Westen bis zum Capo Ortano im Osten ist Elba 27 Kilometer lang, vom Capo Vita im Norden bis zur Punta dei Ripalti im Süden 18 Kilometer breit. Insgesamt 147 Kilometer Küsten mit über 150 zugänglichen Stränden und Buchten sorgen für Abwechslung und Vielfalt. Die 32000 ständigen Bewohner Elbas verteilen sich auf die acht Inselgemeinden Portoferraio, Campo nell'Elba, Capoliveri, Marciana, Marciana Marina, Porto Azzurro, Rio Marina und Rio nell'Elba.

Elba ist vorwiegend eine gebirgige Insel. Der höchste Punkt ist der 1018 Meter hohe Monte Capanne, ein Granitmassiv im Westen. Sehr abwechslungsreich, teils wild, steil und zerklüftet und dann wieder sanft zum Meer hin abfallend präsentiert sich die Landschaft. Im zentralen Teil der Insel prägt noch zu einem großen Teil die Landwirtschaft das Bild. An vielen Hängen werden auf mühevoll angelegten Terrassen Wein und Oliven kultiviert. Im Osten haben der seit Jahrtausenden betriebene Abbau von Eisenerz und in jüngerer Zeit dessen industrielle Verarbeitung ihre Spuren hinterlassen. Bis in die 1950er-Jahre war die Eisenproduktion die wichtigste Einnahmequelle auf der Insel.

Das Rad der Geschichte

Wohl kaum ein anderer Landstrich der Toskana wird im Lauf der Jahrtausende von der Geschichte derart gekennzeichnet wie Elba. Es gibt kaum eine Kultur im Mittelmeerraum, die der Insel nicht ihren Stempel aufdrückt. Zum einen sind es die reichen Eisenerzvorkommen, die seit Menschengedenken für großes Interesse sorgen. Zum anderen ist es die strategisch günstige Lage, an der kein Volk vorbeikommt.

Nach dem ligurischen Stamm der Ilvaten erwirtschaften sich die Etrusker ab 750 v. Chr. fünf Jahrhunderte lang mit

IMMOBILIARE
2 GE 7545 D
GE 8381 D

Am Strand von Seccheto (oben) und am Forno-Strand in der Biodola-Bucht (unten); das Bett Napoleons im Napoleon-Haus in Portoferraio (rechts).

dem Eisenerzabbau und dem Handel mit Eisen im gesamten Mittelmeerraum große Vermögen. Diverse Nekropolen, die Überreste von Brennöfen und Siedlungsgebieten erinnern noch heute an diese Periode. Zwischendurch besetzen die Griechen die Insel. Aristoteles berichtet von »Aithalia«, der rauchenden, funkensprühenden Insel. Die etruskischen Öfen zur Erzverarbeitung brennen Tag und Nacht, werfen nachts von Weitem sichtbare Funken in den Himmel und lassen tagsüber dichte Rauchschwaden aufsteigen.

Insel des guten Weins, Wiege der Zivilisation und Kultur

Im Jahr 246 v.Chr. erobern die Römer die Insel und geben ihr den Namen »Ilva«. Rund 800 Jahre bildet sie nun einen Teil des Römischen Reiches und dessen Nachfolgern – dem Ostgotenreich und Byzanz. Plinius der Ältere erzählt von der »Insel des guten Weins« und von den vielen Amphoren, die die Schiffe aus Ilva ans Festland bringen. An den schönsten Buchten errichten sich reiche römische Patrizierfamilien ihre zum Teil noch heute erhaltenen Villen, beispielsweise Linguella, Le Grotte und Capo Castello.
Im Mittelalter nutzt die Seefahrerrepublik Pisa die Rohstoffe der Insel. Eisenerz und Granit werden in großen Mengen exportiert. Unter anderem stammen die imposanten Granitsäulen auf der Piazza dei Miracoli in Pisa, im Pantheon und in der Basilika San Paolo in Rom von Elba. Auch sonst prägen die Pisaner das Bild der Insel, indem sie unter anderem beeindruckenden Kirchen im romanisch-pisanischen Stil und auf riesigen Granitblöcken die Torre di San Giovanni in Campo errichten sowie die mächtige Festung von Marciana Marina und die Burg von Volterraio erbauen.

1548 übernimmt Florenz unter der Herrschaft der Medici und Cosimo I. die Macht auf der Insel. Unter ihrer Führung erblüht vor allem der Hauptort Portoferraio mit neuen Befestigungsanlagen, die beispielgebend für die Militärarchitektur der Zeit werden. Die Harmonie zwischen Meer, Land und Architektur ist derart perfekt und einzigartig, dass Cosimo I. den Ort gleich »Cosmopoli« tauft, »die Wiege der Zivilisation und Kultur, ein Beispiel von Ausgeglichenheit und Rationalität«.
Die Spanier besetzen bald darauf Porto Azzurro und teilen sich einige Zeit lang die Macht auf der Insel mit Florenz. Sie erbauen die mächtige Festung San Giacomo, die heute noch als Gefängnis das Ortsbild dominiert sowie das herrlich gelegene Heiligtum Santuario di Monserrato.

Napoleon Bonaparte, der »wichtigste Herrscher«

Im 18. Jahrhundert strecken Österreich, Deutschland, England und Frankreich ihre Fühler nach der Insel aus. Diese wird schließlich im Vertrag von Fontainebleau am 11. April 1814 als Fürstentum mit »souveränem Besitz und Hoheitsrecht« Napoleon Bonaparte zugesprochen. Napoleon landet am 4. Mai 1814 auf der Insel und wird für die Geschichtsschreibung zu deren »wichtigstem Herrscher«. In den neun Monaten und 23 Tagen seiner Herrschaft nimmt er wichtige Reformen in Angriff, baut Straßen, erneuert den Bergbau und fördert den Weinbau. Am 28. Februar 1815 kehrt er nach Frankreich zurück. Auf der Insel zeugen noch zwei Residenzen von Napoleons Aufenthalt: die Palazzina dei Mulini und die Villa di San Martino. Sie sind heute Museen und Pilgerstätten für Tausende von Besuchern.

Der Wiener Kongress übergibt Elba bei der Neuordnung Europas dem Herzogtum Toskana, mit dem die Insel 1860 im vereinten Königreich Italien aufgeht. Der Eisenerzabbau und die Stahlindustrie werden wieder angekurbelt und entwickeln sich zum wirtschaftlichen Haupterwerbszweig. Im Zweiten Weltkrieg setzen Bombenangriffe – zuerst von Seiten der Deutschen, dann von den Amerikanern – der Insel schwer zu. In den 1960er-Jahren werden die ersten Weichen für den aufkommenden Tourismus gestellt, heute mit großem Abstand der Wirtschaftsfaktor Nummer eins auf Elba. 1982 wird die letzte Eisenmine geschlossen und 1998 der Parco Nazionale Arcipelago Toscano gegründet.

Portoferraio, die Stadt Cosimos I.

Portoferraio hat 12000 Einwohner und ist der Hauptort der Insel. Fabricia unter den Römern, Ferraia im Mittelalter, Cosmopoli (Stadt Cosimos I. und Stadt des Kosmos) unter Florenz – die Namen der Stadt sind so wechselvoll wie ihre Geschichte. Noch heute prägen die florentinischen Befestigungsanlagen mit den stattlichen Mauern aus dem 15. Jahrhun-

Meeresblick auf die Altstadt von Portoferraio (links); Elba hat für jeden Geschmack und für jedes Bedürfnis viel zu bieten: Mountainbike, Wandern, Schwimmen ... (oben, Mitte, unten).

Ein Paradies für Taucher und Schnorchler: Unterwasser-Eindrücke auf der Insel Elba (oben); stimmungsvoller Salzsee in Rio Marina (rechts); am Strand von Marina di Campo (rechte Seite unten); in Capoliveri werden frische Meeresfrüchte serviert (rechte Seite oben).

dert das Stadtbild des wichtigsten Hafens von Elba. Vom Hafen ausgehend beginnen die Militäranlagen mit der Porta a Terra und der Bastion Palle di Sotto. Danach beeindruckt der Fronte di Terra oder d'Attacco mit seinen verschiedenen Ebenen, vielen Tunnels und zwei Pulverlagern. Ihm schließt sich der Forte Falcone an. Von hier aus ist es nicht weit bis zur Casa Napoleonica, der Palazzina dei Mulini. Napoleons ehemalige Residenz ist heute Museum, das zahlreiche persönliche Besitztümer des Herrschers präsentiert. Weiter geht es nun hinauf zum Forte Stella mit dem Leuchtturm und einer herrlichen Aussicht. In der Via Napoleone wartet die sehenswerte Pinacoteca Foresiana mit beachtlichen Kunstschätzen aus dem 16. bis 19. Jahrhundert auf. An der Piazza della Repubblica stehen der Dom aus dem 16. Jahrhundert und der Palazzo Comunale – die ehemalige Großbäckerei wird auch »Biscotteria« genannt. Über die Porta a Mare geht es zurück zum Hafen. Linker Hand befindet sich die Fortezza della Linguella mit dem Archäologischen Museum.

Von Portoferraio nach Marina di Campo

Wir verlassen Portoferraio in Richtung Westen. Sechs Kilometer außerhalb in Richtung Procchio steht die Villa Napoleonica di San Martino, die 1814 erbaute Sommerresidenz Napoleons. Biòdola und Procchio laden mit ihrem Golf und ihren weitläufigen Sandstränden zum Badeurlaub ein. Der Charakter der einstigen Fischerdörfer ist schon längst dem Charme der Touristenzentren gewichen. Der Badeort Marciana Marina bietet längs der halbkreisförmigen Strandpromenade

bunte Unterhaltung, viele Einkaufsmöglichkeiten und den einzigen zugänglichen Hafen des westlichen Teils der Insel. Die runde Torre Pisana aus dem 12. Jahrhundert wacht über die Hafenzufahrt. Die Fahrt durch dichte Kastanien- und Eichenwälder hinauf zu den Bergdörfern Poggio und Marciana gibt den Blick frei auf den Monte Capanne, Elbas höchsten Gipfel. Beide Ortschaften haben sich zu einladenden Sommerurlaubsorten in herrlicher Lage und mildem Klima gemausert. Von Marciana, das schon unter Pisa eine wichtige Militärstation ist, fährt eine Seilbahn auf den Monte Capanne. Ein Spazierweg von knapp 40 Minuten führt zum mittelalterlichen Santuario della Madonna del Monte. Es steht in 627 Metern Höhe in einer wichtigen archäologischen Zone mit herrlichem Panoramablick. Im Archäologischen Museum im Palazzo Pretorio in Marciana sind wertvolle Fundstücke aus der Gegend ausgestellt.
Über eine atemberaubende Küstenstraße geht die Fahrt rund um den Monte Capanne, dem wilden Westen der Insel, vorbei am Badeort Sant'Andrea weiter bis zur äußersten Westspitze der Insel, der Punta Nera. Herrliche Sandstrände wechseln sich hier mit felsigen Klippen

und romantischen Buchten ab. Ausnehmend schön sind die Strände von Fetovàia und Seccheto, von wo aus einst die Granitblöcke aus den nahe gelegenen Steinbrüchen verschifft wurden, und von Càvoli. Das moderne Badezentrum Marina di Campo liegt in der einzigen Ebene der Insel am gleichnamigen Golf.

Von Portoferraio nach Porto Azzurro und Rio Marina

Der Weg Richtung Osten führt von Portoferraio aus vorbei an Weinbergen und Olivenhainen in die fünf Kilometer entfernte Ortschaft Le Grotte. Dort finden sich die Reste einer 2000 Jahre alten römischen Patriziervilla. Auf der Strecke zum Bergdorf Rio nell'Elba kann man die Ruine der unbezwingbaren pisanischen Rocca del Volterraio aus dem 12. Jahrhundert sehen.
Porto Azzurro zählt zu den meistbesuchten Badeorten der Insel. Mit seiner glitzernden Bucht und seinem kleinen Hafen ist er eine wahre Bilderbuchschönheit. Die von den Spaniern um 1600 erbaute grandiose Fortezza di San Giacomo di Longone dominiert die Ortschaft. Capolivieri thront auf einer Anhöhe über den zauberhaften Sandstränden Innamorata und Straccoligno und hat sich vom einstigen Bergbaudorf zu einem hübschen Ferienort entwickelt. Der Badeort Rio Marina schließlich stand lange im Mittelpunkt der Eisenerzindustrie und bietet heute ein sehenswertes Bergbau- und Mineralienmuseum.
Zum Abschluss der Rundreise: Schwimmen, Tauchen und Schnorcheln, Segeln, Windsurfen und Kajakfahren in den kristallklaren Wassern an den zahlreichen Stränden der Insel, Wandern, Trekking, Mountainbike, Freeclimbing, Paragleiten und Pferdeausritte im reizenden Hinterland – Elba hat für jeden Geschmack und für jedes Bedürfnis viel zu bieten.

EINE INSEL MIT GESCHMACK

Meer und Berge und all die Völker, die über Elba hinweggezogen sind, haben in der Küchentradition der Insel ihre Spuren hinterlassen. Die Küche Elbas ist in ihren Ursprüngen eine arme Küche – mit einer unbeschreiblichen Vielfalt und mit kräftigem Geschmack. An der Ostküste finden wir orientalische Einflüsse wie die *schiaccia briaca*, den »beschwipsten Kuchen«, oder die *schiaccia con i ficchi secchi*, einen flachen Kuchen mit trockenen Feigen. Die Spanier steuern die *sburrita* mit Stockfisch und den Gemüseeintopf *gurguglione* bei. Für Napoleon wird das Fischgericht *cacciucco* aufgetischt. Die Fischküche überzeugt mit toskanischen Spezialitäten wie *polpo lesso* (Krake) oder *zerri fritti* (kleine Meeresfische aus der Familie der Centracanthidae). Und *cardanello* (geschmorte Innereien der Ziege), *fegatelli* (gebratene Schweineleber) und *frittata dell'orto* (Omelette mit Gemüse) finden wir noch heute im Inneren des Landes. Hinzu kommt die uralte Weinbautradition auf Elba mit spannenden einheimischen Rebsorten wie Procanico und Sangioveto, Aleatico, Moscato und dem raren Ansonico.

WEITERE INFORMATIONEN

www.elba-online.com
www.virtualelba.it

LIGURISCHES MEER

ÍSOLA DI CAPRÀIA

46

Portoferráio

ÍSOLA D'ELBA

Marina di Campo

Blick auf den kleinen Hafen von Capraia, die einzige bewohnte Ortschaft auf der Insel (oben); Torretta del Bagno auf Capraia (unten).

46 Capraia – wild und unangepasst

Naturparadies und ehemalige Strafkolonie

Capraia ist eine Insel für alle jene, die das Abenteuer, eine intakte Natur und herrlich kristallines Wasser lieben – und dafür einige kleine Strapazen in Kauf nehmen. Nicht umsonst ist die abgeschiedene Insel über ein Jahrhundert lang, von 1873 bis 1986, italienische Strafkolonie.

Capraia ist die drittgrößte und nördlichste der sieben Hauptinseln des Toskanischen Archipels. Sie liegt 30 Kilometer vom Cap Corse im Norden Korsikas entfernt. Nach Elba sind es einige Kilometer mehr, ganze 35. Knapp 20 Quadratkilometer groß, von Punta della Teglia im Norden bis Punta dello Zenóbito im Süden acht Kilometer lang, vier Kilometer breit, rund 400 Einwohner – das sind die Eckdaten der Insel. Die Fähren starten von Livorno und von Portoferraio auf Elba und landen im kleinen Hafen von Capraia, der einzigen bewohnten Ortschaft auf der Insel.

Das zwischen der Festung San Giorgio und dem Leuchtturm Punta Ferraione gelegene Fischerdorf ist tausend Jahre alt. Seit einigen Jahrzehnten füllt es sich mit neuem Leben. Die einzige befahrbare Straße der Insel führt vom Hafen 800 Meter weit hinauf in das höher gelegene ruhige Zentrum. Dort steht die romanische Kirche Santo Stefano.

Naturerlebnis pur

Capraia ist vulkanischen Ursprungs und ungefähr neun Millionen Jahre alt. Entsprechend schroff ist das Gebirge, das die Insel prägt, entsprechend zerklüftet ist die Steilküste rund um die Insel. 445 Meter hoch ist die höchste Erhebung, der Monte Castello. Mediterrane Macchia mit *corbezzoli* (Erdbeerbäumen), Oleandersträuchern und Myrthen bedeckt die »wilde« Insel, die von Lava, Wind, Erosion und Meer geformt ist. Der betörende Duft ihrer reichen Vielfalt an Blumen und Wildkräutern umweht die gesamte Insel, die zum Nationalpark Parco Nazionale dell'Arcipelago Toscano gehört.

Erste Spuren menschlicher Besiedelung stammen auf Capraia bereits aus dem 3. Jahrtausend v. Chr. Dann folgt der Lauf der Geschichte: Phönizier, Griechen, Etrusker, Römer … und vor allem Piraten drücken der Insel ihren Stempel auf. Ihren Namen hat sie von den Römern, die sie wegen ihrer vielen wilden Ziegen Isola delle Capre, also »Insel der Ziegen«, und später Capraia taufen. Heute ist Capraia ein Paradies für Segler und Taucher, für Wanderer und Naturfreunde.

INFORMATIONEN:
www.isoladicapraia.com

47 Giglio – Juwel im Inselreich

Wo Götter in den Himmel fahren

Traurige Berühmtheit erlangt Giglio am 13. Januar 2012, als das Kreuzfahrtschiff »Costa Concordia« vor der Küste der Insel kentert. Diese Perle der Toskana ist aber schon seit Jahrzehnten ein Geheimtipp für unberührte Natur und Urlaub pur.

Giglio ist die zweitgrößte der sieben Inseln des Toskanischen Archipels. Der Legende zufolge ist sie eine der sieben Juwelen, die sich aus dem Diadem der Liebesgöttin Venus lösen, als diese aus dem Tyrrhenischen Meer in den Götterhimmel emporsteigt.
Knapp 15 Kilometer liegt die 21 Quadratkilometer große Urlaubsinsel vom Festland entfernt. »Ein Schatz, den es zu entdecken gilt«, wie die Tourismuswerbung lockt. Ohne Übertreibung. Giglio bietet wirklich alles, was das Herz eines Urlaubssuchenden, der sich nicht gerade auf Rimini oder Forte dei Marmi fixiert, begehren kann: unberührte Natur, kristallklares Wasser wie im Bilderbuch, herrliche Strände und Buchten – je nach Vorliebe mit Sand oder Fels –, traumhafte Wanderwege und sämtliche Angebote und Infrastrukturen, die unabdingbar für einen erholsamen, aktiven und genussvollen Urlaub sind.
Die 1500 Einwohner der Insel verteilen sich auf drei Ortschaften. Giglio Porto, der in einer malerischen Bucht gelegene Hafen, ist das pittoreske Tor zur Insel. Der Sarazenenturm aus dem Jahr 1596 bildet das Wahrzeichen des Hafens. Daneben sind noch die letzten Reste der römischen Villa der Domizi Enobarbi aus dem 1. bis 2. Jahrhundert n. Chr. zu sehen.
Giglio Castello liegt 400 Meter hoch und ist von einer mächtigen Stadtmauer aus dem 12. Jahrhundert geschützt. Enge Gassen, schmucke bunte Häuser und die zentrale Piazza XVIII Novembre mit der Rocca Aldobrandesca und der Kirche San Pietro Apostolo verleihen dem Ort ein mittelalterlich-mediterranes Flair. Nicht versäumen sollte man einen Besuch in einer der kleinen Weinkellereien, die hier den Ansonico keltern, den bernsteinfarbenen, robusten Wein der Insel.
In einer herrlichen Bucht liegt auch Giglio Campese, das mit seinen feinen Sandstränden das touristische Zentrum der Insel bildet. Auf der einen Seite ragt hier die steile Felswand Faraglione in den Himmel auf, auf der anderen Seite der mächtige Verteidigungsturm Torre Medicea aus dem 17. Jahrhundert. Geradezu paradiesisch sind die Strände Arenella, Canelle und Caldane.

INFORMATIONEN: www.giglioinfo.it

Giglio Porto, der in einer malerischen Bucht gelegene Hafen, ist das pittoreske Tor zur Insel (oben); hier lassen sich besonders stimmungsvolle Sonnenuntergänge genießen (unten).

Seitenportal der Kathedrale von San Lorenzo an der Piazza Dante Alighieri in Grosseto (oben); archäologische Ausgrabungen in Vetulonia (rechts unten); im Archäologischen Museum von Vetulonia: etruskische Keramik (rechts oben).

48 Grosseto und Vetulonia – im Reich des Morellino

Im Zentrum der Maremma

Grosseto zählt 80 000 Einwohner und ist der Hauptort der Maremma. Als wirtschaftliches Zentrum spielt es heute eine wichtigere Rolle als in der Vergangenheit. Die Stadt kann zwar nicht mit vielen kunsthistorischen Bauten und Denkmälern aufwarten, einen Besuch der idyllischen Altstadt mit den verlockenden Läden und vielen netten Osterien sollte man dennoch nicht verpassen.

Inmitten des ehemaligen Sumpfgebietes liegt Grosseto knapp zehn Kilometer vom Meer entfernt am Fluss Ombrone. Die Gründung der Stadt reicht nur tausend Jahre zurück – im Vergleich zu den umliegenden Nachbarn in der Toskana ist sie damit eine junge Siedlung. Ihre Geschichte beginnt, als im Jahr 935 die historische Etruskerstadt Roselle von den sarazenischen Piraten vollständig zerstört wird. Die Überlebenden bauen sich eine neue Heimat im wenige Kilometer entfernten Grosseto. Dort steht die kleine Kirche San Giorgio aus dem 8. Jahrhundert und das Kastell an der Via Aurelia. Bedeutung gewinnt Grosseto, als Papst Innozenz III. 1138 den Bischofssitz hierher verlegt. 1336 fällt Grosseto an Siena, 1555 an Florenz. Allmählich setzt ein langsamer Niedergang ein. Die Gegend versumpft zunehmend, die Malaria breitet sich aus. Um 1745 zählt Grosseto gerade noch 650 Einwohner. Erst Großherzog Leopold II. beginnt im 19. Jahrhundert mit der Trockenlegung der Sümpfe und mit der Wiederaufforstung des Gebiets. Die Stadt wird wieder bewohnbar, und ein neuer Aufschwung setzt ein.

Kleine, starke Stadt

»Eine starke Stadt. Nicht groß, aber gut befestigt mit einer Verteidigungsmauer mit sechs Wehrtürmen und einer Festungsanlage sowie mit nur zwei Stadttoren: eines schaut Richtung Festland, durch das andere kommt man hin zum Meer.« So beschreibt Emanuele Repetti 1855 das neu erwachte Grosseto. Das historische Zentrum ist noch heute von derselben sechseckigen Befestigungsanlage umgebenen, die die Medici zwischen 1574 und 1593 erbauen. Eine Wanderung über den öffentlich zugänglichen Mauerring mit den weitläufigen Grünanlagen gibt einen guten Überblick und Einblick in das mittelalterliche Grosseto.
Von der Porta Nuova aus spazieren wir entlang der Stadtmauer vorbei am Parco della Rimembranza zur weitläufig angelegten Fortezza Medicea aus dem 16. Jahrhundert. Das Zentrum der Stadt

bildet die Piazza Dante mit dem Dom San Lorenzo. Er wird 1302 im typisch gotischen Baustil mit abwechselnd roten und hellbeigen Kalksteinen vollendet und um 1860 restauriert. Der Turm stammt aus dem Jahr 1403. Daneben steht der neogotische Palazzo Aldobrandeschi, heute Sitz der Provinzialregierung. Im Zentrum des Platzes steht ein Denkmal für Leopold II. Eine Besuch wert sind die Franziskanerkirche aus dem 13. Jahrhundert und das Museo Archeologico e d'Arte della Maremma mit wertvollen archäologischen Fundstücken und einer ansehnlichen Kunstsammlung.

Verschollenes Vetulonia

Vetulonia, das etruskische Vatl(una), liegt wenige Kilometer nordwestlich von Grosseto. Die jüngere Geschichte des einst mächtigen Stadtstaates im etruskischen Zwölfstädtebund liegt im Dunkeln. Irgendwann zerstört, verlieren sich die Spuren des einstigen Zentrums. Erst Ende des 19. Jahrhunderts entdeckt ein Arzt und Hobbyarchäologe das untergegangene Vetulonia in der Nähe von Colonna di Buriano und beginnt mit den Ausgrabungen.

Am Ortsrand des heutigen mittelalterlichen Borgo befindet sich das Ausgrabungsfeld der Via dei Ciclopi. Ruinen der etruskischen Wohnviertel und die Zyklopenmauer aus massiven Steinblöcken sind hier zu sehen. Weiter unterhalb liegen an der Via dei Sepolcri die Tumuli der Nekropolen, beeindruckende Erdhügel-Gräber aus dem 7. Jahrhundert v. Chr. Besonders sehenswert sind die Tomba della Pietrera aus zwei übereinanderliegenden Grabkammern mit zentralem Mittelpfeiler und die Tomba del Diavolino. Sie ist 80 Meter lang und besitzt eine zentrale quadratische Grabkammer. Im Museo Archeologico Isidoro Falchi sind die wichtigsten Funde von Vetulonia ausgestellt.

SCANSANO UND SEIN MORELLINO

Weinbau gibt es in der Maremma erst seit der Trockenlegung des Sumpfgebietes im 19. Jahrhundert. In den Anfangsjahren werden ausschließlich Tafelweine produziert. 1978 erhält das Gebiet die erste kontrollierte DOC-Bezeichnung. Der Aufschwung als kleines und neues Weinbaugebiet der Toskana beginnt. Seit November 2006 zählt der Morellino di Scansano zu Italiens DOCG-Weinen mit geschützter und garantierter Ursprungsbezeichnung. Die Rebsorte Sangiovese wird in der Gegend um Scansano »Morellino« genannt und erbringt außerordentlich fruchtige, gehaltvolle Rotweine mit erheblichem Alterungspotenzial. So manches renommierte italienische Weingut hat die Vorzüge des Gebiets erkannt und sich in den letzten Jahrzehnten hier niedergelassen. Mittlerweile ist eine beachtliche Anzahl neuer Weinkellereien entstanden. Einige Tipps zum Verkosten: Fattoria dei Barbi, La Selva, Le Pupille, Moris Farms, Podere San Matteo, Podere 414, Poliziano, Poggio Argentiera, Terenzi, Tenute Valdifalco/Loacker, Cantina Vignaioli del Morellino di Scansano …

WEITERE INFORMATIONEN

www.grosseto-info.com
www.parcodeglietruschi.it
www.consorziomorellino.it

49 Die Maremma – ein Lebensstil

Das unberührte Herz der Toskana

Der südlichste Teil der Toskana wird von der Maremma geprägt, einer Naturlandschaft wie aus dem Bilderbuch. Farben und Düfte, Flora und Fauna, Meer und Berge – eine Reise durch die Maremma wird in jedem Fall zu einem besonderen Erlebnis. Vor allem symbolisiert der Landstrich aber einen eigenen Lebensstil: mit Respekt vor der Umwelt, vor Natur und Kultur und der Pflege der Traditionen und des Brauchtums.

Die Maremma wird heute zu einem großen Teil durch den Parco Naturale della Maremma geschützt (unten); hier weiden die berühmten weißen Maremma-Rinder (oben); Pinienallee und Wasserkanäle – eine Naturlandschaft wie aus dem Bilderbuch (rechts oben und unten).

Die Maremma ist ein Landstrich voller Überraschungen. Landläufig wird heute der gesamte südliche Zipfel der Toskana als Maremma bezeichnet. Im engeren Sinn aber beginnt die Maremma im Norden beim Golf von Follonica und erstreckt sich bis zur Lagune von Orbetello am Monte Argentario. Der flache Küstenstreifen mit der Hügelkette der Monti dell'Uccellina und dem Einzugsgebiet der beiden Flüsse Bruna und Ombrone ist bis vor wenigen Jahrzehnten noch ein zusammenhängendes, mit dem Meer verbundenes Sumpfgebiet. Dieses Gebiet wird heute zu einem großen Teil durch den Parco Naturale della Maremma geschützt.

Einzigartige Sumpflandschaft

Die Römer, die übrigens kein großes Interesse an der unwirtlichen Landschaft zeigen, geben ihr den Namen »Maritima Regio«. Die Spanier bringen ihre Bezeichnung »Marisma« für das sumpfige Küstenland mit. Aus den beiden Formen entwickelt sich der Name Maremma.

Wenn wir es ganz genau nehmen, dann sind die Flüsse an der Entstehung dieser Sumpflandschaft schuld – vor allem der Bruna, der bei Castiglione della Pescaia ins Meer mündet, der Ombrone bei Marina di Alberese und der Albegna bei Orbetello. Im Winter führen sie mehr Wasser mit sich. Dieses kann nicht sofort ins Meer abfließen und staut sich zurück. Die mitgeschwemmten Äste, Schutt und anderes Schwemmmaterial tragen ihres dazu bei. Und der Wind häuft dazwischen seine Sanddünen auf. Es bilden sich weite, flache Binnenseen mit einer Mischung aus salzigem Meerwasser und Süßwasser aus den Flüssen. Wenn dann das Wasser auch im Sommer nicht mehr abfließt, dann entsteht die perfekte Sumpflandschaft.

Die Etrusker versuchen bereits einige Jahrhunderte vor Christus, das Problem in den Griff zu bekommen. Sie bauen ihre wichtigen Zentren – Roselle, Vetulonia und Populonia – zwar im sicheren Hinterland, verbinden diese aber durch die Anlage eines raffinierten Kanalsys-

Abendstimmung (oben) und enge Gassen (unten) in der mittelalterlichen Stadt Capalbio; Abendstimmung am Hauptplatz von Castiglione della Pescaia (Mitte); Rundblick über die Maremma (rechts oben); Sonnenblumenfelder, Pinien und Zypressen … (rechts unten).

tems mit dem Meer. Dadurch gelingt ihnen auch die teilweise Trockenlegung der Bucht.
Aber schon unter den Römern verfällt das Entwässerungssystem, und das Land wird wieder zusehends sich selbst überlassen. Die Naturgewalten erhalten wieder die Oberhand – mit weitreichenden Folgen für die Menschen. Im Mittelalter sorgt die Malaria für einen drastischen Rückgang der Bevölkerung und einen entsprechenden Niedergang der nahe gelegenen Siedlungsgebiete.
Erst Großherzog Leopold II. beginnt mit seinem Berater Graf Fossombroni 1829 mit der groß angelegten *bonifica*. Sie umfasst die Trockenlegung der Sümpfe, die erneute Anlage eines Kanalsystems zur Ableitung der gestauten Gewässer und die Anpflanzung von Pinienwäldern zur Entwässerung. Über 5000 Mann arbeiten an dem Großprojekt unter der Aufsicht von Ingenieur Alessandro Manetti. Eine endgültige Lösung des Problems sowie die Ausrottung der Malaria gelingen aber erst in den 1930er-Jahren. Einhergehend mit den Bonifizierungsmaßnahmen um 1830 ändert sich die Maremma radikal. Die riesigen landwirtschaftlichen Flächen der Feudalherren werden neu verteilt und neuen Bestimmungen zugefügt. Ein völlig neues Landschaftsbild entsteht.

Für einen sanften Tourismus

Der Tourismus ist heute neben der Landwirtschaft zum wichtigsten Standbein der südlichen Toskana geworden. Seit Jahrzehnten setzen die Verantwortlichen dabei auf einen sanften Tourismus, der in Einklang mit der Natur und der Kultur der Region steht. Riesige Bettenburgen wie an der gegenüberliegenden Adriaküste sind hier kaum anzutreffen. In der Maremma wird auf Kleinstrukturiertheit und Individualität gesetzt: Ferienwohnungen, Agriturismi direkt auf den Bauernhöfen und Campingplätze geben den Ton an. Erholung und Entspannung, Sport und Naturerlebnis, Kunst und Geschichte sowie das ungezwungene Genießen stehen im Mittelpunkt.
Für den leiblichen Genuss sorgen die vielen hochwertigen landwirtschaftlichen Produkte aus der Gegend, viele davon aus biologischem Anbau: Gemüse und Obst, Fisch und Fleisch, Olivenöl und Wein. Vor allem die Weine aus der Maremma haben den Durchbruch geschafft und zählen heute – mit ihren Weinen aus den Anbaugebieten von Bolgheri, Scansano und Montecucco – zur Spitze der toskanischen Qualitätsweinproduktion.
Geschichtsträchtige Stätten wie die Etruskermetropolen Roselle, Vetulonia und Albinia laden zum Besuch genauso ein wie die schmucken mittelalterlichen Städtchen im hügeligen Hinterland und eine Vielzahl an kulturellen und künstlerischen Initiativen.

Der Parco dell'Uccellina

Mediterrane Macchia bedeckt weite Teile der noch unberührten Landschaft mit ihren vielen geschützten Zonen. Von der Flussmündung des Ombrone bis nach Talamone, dem alten Hafen der Freistadt Siena, erstreckt sich über 25 Kilometer an der Küste der 8900 Hektar große Parco Naturale della Maremma an den zum Meer abfallenden Monti dell'Uccellina. Sandige Dünen und naturbelassene Strände und Klippen, das weitverzweigte Delta des Ombrone,

Sumpfgebiete, von Macchia bedeckte Ebene und sanfte Hügel, der schöne »großherzogliche Pinienwald« Pineta Granducale, Ackerland und Weiden – eine unbeschreibliche Vielfalt mit einem Meer von Blumen und mediterranen Sträuchern, von Düften und Farben öffnet sich dem Besucher. Hier begegnet man noch Füchsen und Dachsen, Stachelschweinen und Wildschweinen, Rehen und Damhirschen. Darüber hinaus wird hier in der Maremma eine Tradition gepflegt, die andernorts kaum mehr anzutreffen ist: die freie Aufzucht von Rindern, den *bovini maremmani*, und Pferden, den *cavalli maremmani*.
Wie in alten Zeiten sitzen die Viehhirten, die legendären *butteri*, auf ihren Pferden und treiben ihre Herden über die Weiden. Die Maremma-Cowboys haben sich als Symbol für Freiheit und Abenteuer ganz tief in das Erscheinungsbild der Maremma eingeprägt.

Die »Uccellina«, wie der Parco auch genannt wird, kann das ganze Jahr über vom Besucherzentrum in Alberese aus gegen ein Eintrittsgeld besichtigt und erkundet werden. Dabei werden zahlreiche Wander- und Tourenmöglichkeiten – halb- und ganztägig – sowie Besichtigungsziele angeboten. Die beiden anderen Besucherzentren, in Collecchio in Magliano in Toscana und in Talamone (mit sehenswertem Aquarium), sind in den Wintermonaten geschlossen.
Insgesamt locken allein in der Provinz Grosseto 13 Naturreservate und Naturparks sowie Schutzgebiete des World Wide Fund For Nature (WWF) mit einer außerordentlich artenreichen Fauna und Flora. Die meisten Naturreservate sind in die sie umgebende Landschaft integriert und nicht davon getrennt. Da kommt der Respekt für ein von der Natur im Rhythmus der Jahreszeiten vorgegebenes Gleichgewicht klar zum Ausdruck.

MODERNE KUNST IN DER MAREMMA

Ein Aufenthalt in der Maremma drängt förmlich zu einer Entdeckungsreise durch die vielfältigen Ausdrucksformen moderner Kunst. Da ist zum einen der berühmte Giardino dei Tarocchi der französisch-schweizerischen Malerin und Bildhauerin Niki de Saint Phalle außerhalb von Capalbio (www. nikide-saintphalle.com). Die Künstlerin ist in Deutschland vor allem durch ihre 1974 in Hannover aufgestellten Nana-Figuren bekannt. In Boccheggiano in der Gemeinde Montieri beeindrucken an die 20 schwingende und tönende Skulpturen aus Eisen, Bronze und Kupfer im Giardino dei Suoni des Bildhauers und Klangkünstlers Paul Fuchs (www.paulfuchs.com). In Seggiano werden im Giardino di Daniel Spörri, dem Skulpturenpark des Schweizer Künstlers, über 100 Installationen von 50 Künstlern ausgestellt (www.danielspoerri.org). Und in den ehemaligen Sümpfen von Buriano in Castiglione della Pescaia lädt der Bio-Architekt und Künstler Rodolfo Lacquaniti zum Besuch ein in sein surreales Kunstprojekt *Viaggio di ritorno* (www.rodolfolacquaniti.com).

WEITERE INFORMATIONEN

www.turismoinmaremma.it
www.parco-maremma.it
www.museidimaremma.it

Herrlicher Meeresblick: vom Balkon des Hotels »Pelicano« am Argentario (oben); Cala Piccola am Porto di Santo Stefano (unten); der Hafen von Porto Santo Stefano wird von der mächtigen quadratischen Festung aus dem Jahr 1563 dominiert (rechts).

50 Monte Argentario – Panorama inklusive

Eine felsige Schönheit

Der Ausblick von der Panoramastraße ist atemberaubend, die strategische Lage der Halbinsel ebenso. Knapp 15 Kilometer vom Festland entfernt punktet das kreisrunde Vorgebirge Monte Argentario mit wilder Schönheit, unberührter Natur, einer spannenden Geschichte und sanftem Tourismus. Porto Santo Stefano, Porto Ercole und Orbetello sorgen für die notwendige entspannte Atmosphäre.

Der felsige Monte Argentario ist vor langer Zeit eine Insel vor der Küste von Orbetello. Ständige Ablagerungen der Flüsse, vor allem des Albegna, Wind und Meeresströmungen schichten jedoch Verbindungen zwischen dem Festland und der Insel auf, die im Lauf der Zeit zur Halbinsel wird. Zwei Landzungen verbinden den Monte heute mit dem Hinterland: die nördliche Feniglia und die südlichen Giannella. Dazwischen liegt die Lagune von Orbetello.
Der höchste Punkt des felsigen Vorgebirges ist der 635 Meter hohe Monte Telegrafo. Dichte mediterrane Macchia mit Steineichen, *corbezzoli* (Erdbeerbäumen), Ginstersträuchern, Pinien und seltenen Pflanzen wechselt sich mit Weinbergen ab, auf deren Terrassen die autochthone Rebsorte Ansonica gedeiht. Steil und felsig präsentiert sich auch die Küste, mit wenigen kleinen Stränden, Buchten und mit bizarren Felsformationen. Die beiden Grotten Azzurra an der Cala dei Santi und Turco an der Costa della Cacciarella sind vom Meer aus zugänglich.

Die Aussicht von der Panoramastraße, die den Monte Argentario umrundet, ist atemberaubend. Weit reicht der Blick bis zu den Nachbarinseln Giglio und Giannutri, bei klarer Sicht bis nach Elba und sogar nach Korsika. Auch wenn die letzten paar Kilometer der Rundstrecke auf holpriger Schotterstraße zurückgelegt werden müssen: Die Tour lohnt sich. Wenn es gar nicht mehr weitergeht, kann sie der Einfachheit halber von zwei Seiten aus sowohl von Porto Santo Stefano als auch von Porto Ercole angegangen werden.
Rund um den Monte Argentario spannt sich eine ganze Kette von Wachtürmen und Verteidigungsanlagen aus der Zeit der Sieneser und Spanier. Die meisten dieser Bauwerke aus dem 15.–17. Jahrhundert sind heute Ruinen, einige sind jedoch noch gut erhalten und allein wegen ihrer strategischen Panoramalagen einen Besuch wert – so die Torre di Lividonia im Norden, die Torre di Cala Piatti und Torre di Capo d'Uomo im Westen oder die Torre Ciana und Torre Avvoltore im Süden, um nur einige zu nennen.

ROMA 3801 D
MA128 D
00180 LT

Die Strände von Riva del Marchese bei Porto Ercole (oben); Buon Appetito! mit herrlichem Meeresblick (unten); Porto Ercole, das römische Portus, wird von beeindruckenden Burgen aus dem 15. Jahrhundert bewacht (rechts unten); am Hafen von Porto Santo Stefano (rechts oben).

Von Orbetello aus führt eine gut ausgebaute Straße hinauf auf den Monte Telegrafo. An der Strecke liegt auf einem Hügel inmitten unberührter Natur das 1733 gegründete Kloster dei Frati Passionisti. Dort hat man eine herrliche Sicht auf die Lagune von Orbetello und bis nach Talamone. Ganz oben auf dem Gipfel befinden sich Sendeanlagen der RAI und des Militärs. Er ist deshalb nicht zugänglich.

Eine spannende Geschichte

Der Monte Argentario ist seit jeher von äußerster strategischer Bedeutung. In dem Gebiet hielten sich mit Sicherheit schon Phönizier und Etrusker auf, auch wenn es von ihnen keine konkreten Spuren mehr gibt. Ganz in der Nähe legen die Römer um 273 v. Chr. beim heutigen Ansedonia ihren Hafen Cosa an. In Santa Liberata baut die römische Patrizierfamilie Domitius Ahenobarbus eine luxuriöse Villa – ihren Reichtum schöpft die Familie aus ihrer Tätigkeit als *argentarii*, als Geldverleiher. Der Name des Monte könnte sich durchaus davon ableiten.
Im 13. Jahrhundert übernehmen die mächtigen Aldobrandeschi als Feudalherren die Herrschaft über das Gebiet. Es folgen Neapels König Ladislaus, Siena sowie plündernde Piraten des osmanischen Korsaren Khair Ad-Din Barbarossa. 1557 errichtet Spaniens König Philipp II. den »Festungsstaat« *Stato dei Presidi* und vereint darin den Argentario, Orbetello und den Landstrich bis Talamone. Die Spanier herrschen hier bis 1707 und drücken der Architektur und den Verteidigungsanlagen ihren Stempel auf. In der Machtausübung über das Gebiet folgen die Habsburger, dann wieder die Spanier gemeinsam mit den Bourbonen in Neapel und die Großherzöge der Toskana – bis zur Einigung Italiens im Jahr 1860.

Porto Santo Stefano und Porto Ercole

Der renommierte Badeort Porto Santo Stefano im Nordwesten bildet gleichzeitig das Zentrum des Monte Argentario. Rund um den alten Handelshafen Del Valle und um den kleinen Touristenhafen Pilarella schmiegt sich der reizende Ort mit der großzügig angelegten Strandpromenade in die Bucht. Dominiert wird das Bild des einstigen Fischerdorfes von der mächtigen quadratischen Festung aus dem Jahr 1563. Von Porto Santo Stefano aus starten die Fähren zu den Inseln Giglio und Giannutri.
Die zweite Badehochburg ist im Südosten Porto Ercole, das römische Portus Herculis. Es liegt in einer Bucht an der gegenüberliegenden Seite der Halbinsel. Das reizende historische Zentrum mit dem schönen Sandstrand wird von beeindruckenden Burgen aus dem 15. Jahrhundert bewacht. Der Palazzo Consani an der Piazza Barbara ist einst Sitz der spanischen Herrscher. Ganz oben thront die Rocca – die Geschichte der Burg reicht bis in das 12. Jahrhundert zurück. Von hier aus verlaufen die beeindruckenden militärischen Anlagen mit der Stadtmauer Richtung Meer: auf der einen Seite zur Festung Filippo (in Privatbesitz), auf der anderen Seite zur Festung Stella (Museum) im Südwesten.

Orbetello

Das nette Städtchen Orbetello liegt auf einer Landzunge in der gleichnamigen Lagune. Umgeben ist es von noch gut erhaltenen etruskischen Mauern und Befes-

tigungsanlagen, die Sieneser und Spanier ausbauten. Von der Landseite her betritt man die Stadt durch die Porta Nuova. Das Tor mit den drei Durchgängen ziert eine Büste des Stadtheiligen San Biagio. Gleich dahinter stehen in der Parkanlage Piazza IV Novembre die spanische Festung von 1557 und daneben das alte Krankenhaus mit der Kirche Madonna delle Grazie. Über die Via Dante erreicht man den Dom Santa Maria Assunta aus dem 13. Jahrhundert mit der gotischen Fassade. An der gegenüberliegenden Seite steht das ehemalige Klarissenkloster mit dem berühmten Giebelfries des etruskischen Tempels von Talamone. Auf dem Frontone del Tempio di Talamone ist eine Episode aus dem Ersten Thebanischen Krieg mit dem *Zug der Sieben gegen Theben* aus der griechischen Mythologie und der Ödipus-Trilogie des Aischylos abgebildet. Im Zentrum der Stadt dient an der Piazza Garibaldi der Palazzo di Spagna von 1557 bis 1707 als Residenz des spanischen Vizekönigs. Daneben steht der Uhrturm aus dem 16. Jahrhundert. Im Pulverturm Guzman von 1692 ist heute das archäologische Museum der Stadt untergebracht.

Die ehemals zum Meer hin offene Landzunge wird vom Tombolo della Gianella im Norden und der pinienbedeckten Feniglia im Süden, heute ein einladendes Naturschutzgebiet, eingeschlossen. Die 1,5 bis 2 Meter tiefe, zur Gänze unter Schutz des WWF stehende Lagune nimmt eine Fläche von 26 Quadratkilometern ein. Eine Windmühle erinnert noch an die einst neun von Siena erbauten Mühlen in der Lagune. 1824 erhält Orbetello durch einen Deich und eine Straße eine direkte Verbindung mit dem Argentario.

ARGENTARIO – FESTE UND FEIERN

Für die Festa di Sant' Erasmo in Porto Ercole Anfang Juni taucht ganz Porto Ercole in ein beeindruckendes nächtliches Lichtermeer. Die spanischen Festungs- und Verteidigungsanlagen werden mit Lichterketten beleuchtet, und an der Küste ziehen geschmückte und beleuchtete Schiffe in einer Prozession vorbei. Anlässlich der Segelregatta Palio delle Quattro Fortezze verwandelt sich der ganze Ort in einen großen Festplatz.

Seit 1937 wird in Porto Santo Stefano Mitte August der auf die Zeit der spanischen Herrschaft zurückgehende Palio Marinaro dell'Argentario ausgetragen. Vier Regatten in Vertretung der vier Stadtteile Croce, Fortezza, Pilarella und Valle treten zum spannenden Wettkampf an.

Ebenfalls im August lädt Orbetello zum Superpalio. Das historische Ereignis startet mit Umzügen und Festen im Zentrum der Stadt. An der 2400 Meter langen Regatta nehmen die Vertreter der fünf Stadtteile teil. Die Sieger vertreten die Stadt beim Superpalio della Costa d'Argento in Castiglione della Pescaia.

WEITERE INFORMATIONEN

www.prolocomonteargentario.com
www.comunemonteargentario.it
www.orbetelloturismo.it

Mehr mediterran geht nicht: Castiglione della Pescaia mit Mohnfeld und Meeresstimmung (oben); Abendstimmung in der Maremma (Mitte); die Renaissancestadt Pienza im Herzen der Provinz Siena, in einer der schönsten Gegenden Italiens (unten).

Register

In der Loggia della Signoria in Florenz, bekannt als Loggia dei Lanzi, sticht zwischen den römischen Statuen die berühmte Bronzestatue Perseus von Cellini (1554) hervor (oben). Einkaufsbummel in den Geschäftsstraßen von Lucca (Mitte); die klassizistischen Terme Tettuccio in Montecatini Terme, das repräsentativste und eindrucksvollste Thermalbad der Stadt (unten).

Winemaker Marco Pallanti vor dem Castello di Ama in Gaiole in Chianti im Chianti Classico (oben); etwas Folklore darf es ruhig sein: in der »Locanda Buatino« in Lucca (Mitte); *Tagliatelle al ragù bianco di coniglio*, Tagliatelle mit Kaninchenragout, in der Trattoria »Dulcis in fundo« in San Gimignano (unten).

Impressum

Unser komplettes Programm:
www.bruckmann.de

Produktmanagement: Joachim Hellmuth
Textredaktion: Barbara Rusch, München
Repro: Repro Ludwig, Zell am See
Satz/Layout: Verlagsservice Gaby Herbrecht, Mindelheim
Umschlaggestaltung: Frank Duffek, München
Kartografie: Astrid Fischer-Leitl, München
Herstellung: Bettina Schippel
Printed in Italy by Printer Trento

Alle Angaben dieses Werkes wurden vom Autor sorgfältig recherchiert und auf den aktuellen Stand gebracht sowie vom Verlag geprüft. Für die Richtigkeit der Angaben kann jedoch keine Haftung übernommen werden. Für Hinweise und Anregungen sind wir jederzeit dankbar. Bitte richten Sie diese an:

Bruckmann Verlag
Postfach 40 02 09
D-80702 München
E-Mail: lektorat@bruckmann.de

Bildnachweis:

Alle Abbildungen im Innenteil stammen von der Agentur Look (www.look-foto.de) , München, bis auf:
Udo Bernhart, Frankfurt: S. 8 m., 14 o., 17 m. & u., 18 o. & m., 22 m., 37 u., 40 u., 41 o., 42 u., 47 u., 50 u., 53 u., 54 (4), 55 u., 58 (2), 59 o., 62 (2), 63 o., 74 u., 78 o., 82 m.r., 86 o., 87 o., 88 (4), 102 u. & o., 104 u., 107 u., 114 u., 124 o.r., 126 u., 127, 128 o.l., 129 o., 133 o., 136 u., 138 (2), 139 (2), 140 (3), 141 u., 154 (2), 155 u., 157 o., 158 o., 162 m., 163 m., 164 (3); Shutterstock (www.shutterstock.com): S. 12 (L. Grandinetti), 35 o., 36 o., 105 (M. Kistryn), 71 o. (L. Adamache), 83 o. (iPics), 84, 137 o. (LianeM), 85 (2) (wjarek), 92 o. (K. Vladimir), 92 u. (I. Frazer), 92 m.r., 93 u.r. (kompasstudio), 114 m., 146 u., 147 u.l., 148 o.r. (L. Mortula), 119 o. (Foodpictures), 120, 122 u., 123 o. (jbor), 122 o.r. (sansa55), 122 o.l. (A. Giampiccolo), 123 m. (fotografiche), 125 o. (G. Rasile), 141 o. (Davide69), 147 m. (K. i Marek), 148 m. & u. & o.l. (scubaluna), 151 u. (iladm); Jörg Schellschmidt, Linsengericht-Geislitz : S. 75 (2); Bildagentur Huber, Garmisch-Partenkirchen: S. 97 u. (Ripani), 97 o. (Raccanello), 121 o. (Borchi), 150 (2) (Huber); DPA/Picture-Alliance, Frankfurt am Main: S. 23 o., 33 o., 78 u.; Mirko Milovanovic, München: S. 77 o.

Umschlagsvorderseite: Sonnenblumenfeld mit Pinienbäumen im Hintergrund, Maremma (oben), Toskanische Landschaft im Sommer, Podere Belvedere (Mitte), Blick auf Pitigliano in der Abenddämmerung (unten) (alle drei Bilder von LOOK, München)
Umschlagklappe, vorn: Engelsstatue mit dem Schiefen Turm von Pisa im Hintergrund (LOOK, München)
Umschlagklappe, hinten: Blick auf Poppi, Casentino, Toskana (Udo Bernhart)
Umschlagrückseite: Historische Parade während dem Palio di Siena (Pferderennen) (links), Kathedrale Santa Maria del Fiore in Florenz (mitte), Oldtimer auf einer Landstraße bei Montalcino (rechts) (alle drei Bilder von LOOK,München)

Die Deutsche Nationalbibliothek verzeichnet diese Publikation in der Deutschen Nationalbibliografie; detaillierte bibliografische Daten sind im Internet über http://dnb.d-nb.de abrufbar.

ISBN 978-3-7654-5843-9

In gleicher Reihe erschienen ...

ISBN 978-3-7654-5599-5

ISBN 978-3-7654-4828-7

ISBN 978-3-7654-5871-2

ISBN 978-3-7654-4830-0

ISBN 978-3-7654-5368-7

ISBN 978-3-7654-5831-6

ISBN 978-3-7654-5597-1

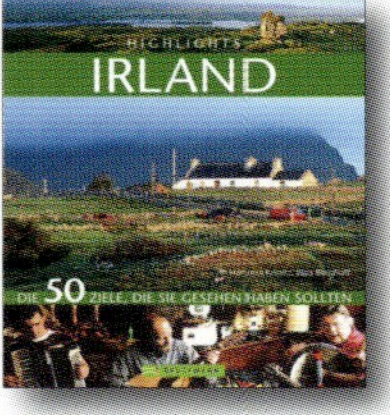

ISBN 978-3-7654-5214-7

ISBN 978-3-7654-5592-6

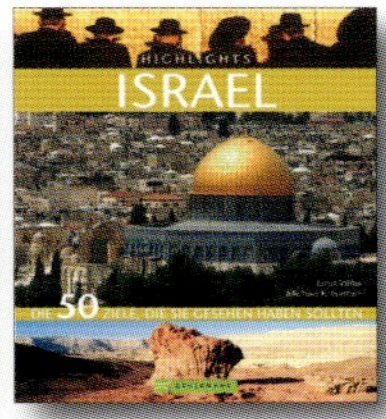

ISBN 978-3-7654-5598-8

ISBN 978-3-7654-6495-9

ISBN 978-3-7654-4760-0

ISBN 978-3-7654-4869-0

ISBN 978-3-7654-5596-4

ISBN 978-3-7654-5835-4

ISBN 978-3-7654-5465-3

ISBN 978-3-7654-4750-1

ISBN 978-3-7654-5751-7

ISBN 978-3-7654-4827-0

ISBN 978-3-7654-6032-6

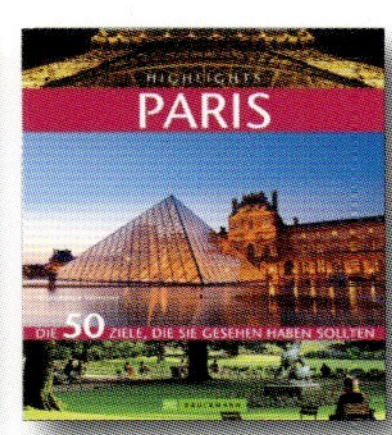

ISBN 978-3-7654-5753-1

ISBN 978-3-7654-5436-3

ISBN 978-3-7654-5533-9

ISBN 978-3-7654-5752-4

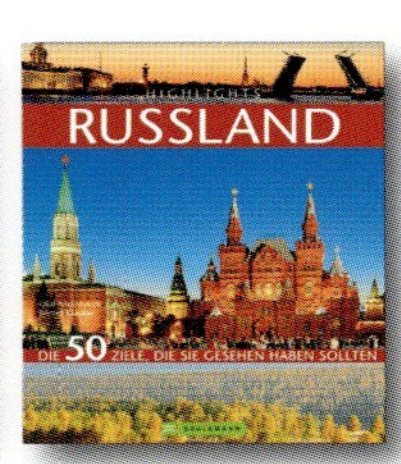

ISBN 978-3-7654-5600-8

ISBN 978-3-7654-4973-4

ISBN 978-3-7654-5872-9

ISBN 978-3-7654-5880-4

ISBN 978-3-7654-6119-4

ISBN 978-3-7654-4748-8

ISBN 978-3-7654-5863-7

ISBN 978-3-7654-5843-9

ISBN 978-3-7654-5496-7

ISBN 978-3-7654-5758-6

ISBN 978-3-7654-5144-7

www.bruckmann.de

ZOSIMVS
SIXTVS III
LEO I